Michael Frank

Nepumuken, die auf die Brücken spucken

Prager Hintergedanken

Michael Frank

Nepomuken, die auf die Brücken spucken

Prager Hintergedanken

Picus Lesereisen

Picus Verlag Wien

Die Deutsche Bibliothek – CIP-Einheitsaufnahme

Frank, Michael:
Nepomuken, die auf die Brücken spucken: Prager Hintergedanken /
Michael Frank. – Wien: Picus Verl., 1999
(Picus Lesereisen)
ISBN 3-85452-707-1

2. Auflage 2002

Grafische Gestaltung: Dorothea Löcker, Wien
Umschlagabbildung: Blick auf den Altstädter Ring, Prag
Foto Jiří Šourek
Druck und Verarbeitung: Druckerei Theiss GmbH, A-9431 St. Stefan
ISBN 3-85452-707-1

Inhalt

Prager Versteckspiele
Ein Vorwort

Unter den Arkaden des Marktes an der Havelska-Straße stehen Golems Füße.

Was würden die Menschen, die Touristen zumal, die in Legionen die Gassen des alten Prag durchfluten, darum geben, von dem tönernen Gesellen, dem irdenen Gehilfen der Judenheit dieser Stadt, eine Spur zu erhaschen. Dabei steht dessen gewinkeltes Gebein, einen Säulenfuß darstellend, mitten im Gewimmel herum, so wie es der legendäre Rabbi Löw wohl modelliert hat, doch keiner nimmt Notiz davon. Das Oberteil des Unheimlichen ist wohl zu Staub zerfallen, verstreut auf dem Dachboden der Altneusynagoge, wo Egon Erwin Kisch nach ihm forschte, oder als Patina des Unglücks auf den Aktenschicksalen in den Archiven von Franz Kafkas Schloß.

Golem, Löw, Kisch, Kafka – Prag siedelt für die meisten Menschen in sonderbaren Gefilden des Ungefähren, im Nebel der Mythen. Das magische Prag! Die Bücher zu diesem Thema sind sonder Zahl. In den Gassen dieser einzigartig erhaltenen Jahrtausend-Enzyklopädie europäischer Architektur muß es einfach umgehen, müssen Sage und Mär Gestalt annehmen. Der große Prag-Deuter Peter Demetz vermerkt dazu lakonisch, das magische Prag sei ausschließlich eine Erfindung fremder Romantiker des neunzehnten Jahrhunderts. In den Begriffen unserer

Zeit würde man das wohl eine Projektion nennen.

Dabei wird übersehen, daß dahinter System steckt, blanke Absicht. Prag ist auf seine Art eine der verschlossensten Städte dieses Kontinents. Ist sie nicht arg leichtfertig, zu freigiebig, wie sie sich nach anfänglichem züchtigem Zieren in die mythischen Winkel ihrer Vergangenheit, in die sinistren Falten ihrer Psyche schauen läßt? So meint man, diese Stadt endgültig durchschaut zu haben, wenn man aus eigener Anschauung schlüssig bestätigen zu können glaubt, daß sie tatsächlich voller Magie sei. Welch schnöde Tarnung, welch schlichte Finte: Prag stellt seine Liebhaber durch die falsche Blässe des Geheimnisvollen leichthin zufrieden, erspart sich so wirkliche Offenbarungen, verwehrt so echte Einblicke. Was als das Drama des Geheimnisses erscheint, ist oftmals nichts weiter als der mürrische Widerschein einer schwierigen Gemütslage. Oder neckisches Ornament über sehr diesseitigem Pragmatismus.

Und dennoch: Wenn der Flieder am Hang des Laurenziberges blüht, wenn die duftenden Büsche die bronzene Gestalt des Karel Hynek Machá umkränzen, wer sollte dann nicht ein Zweiglein zu dessen Füßen legen, um sich und der/dem Liebsten dauerhaftes Glück zu wünschen?

Prags Stammtische sind sicherlich die weit und breit intelligentesten, wo die für das Ambiente üblichen Vorurteile mit unvergleichlichem Witz und beträchtlicher Scharfsicht fortgesponnen werden. Es wäre nicht ganz abwegig, den Tschechen, zumal den Pragern nachzusagen, in jedem Stammtischbruder stecke ein kleiner Intellektueller und in jedem Intellektuellen ein großer Stammtischbruder. Hierin lag wohl eine Ader jener Lebenskraft, die die Zeiten des Totalitarismus an vielen so schadlos hat vorübergehen lassen, oberflächlich wenigstens. Hierin liegt das Abgründige dieser Stadt, wenn sich allzuoft Intelligenz hinter Furcht verschanzt oder Feigheit sich hoch intelligent zu rechtfertigen weiß. All das zusammen bewirkt am Ende, daß einer, der als Fremder in dieser Stadt lebt, Wechselbäder von Euphorie und Empörung durchzumachen hat.

Jiři Hajek, der Außenminister jener unglückseligen Tage, als die Truppen des Warschauer Paktes die Reformbewegung des sogenannten Prager Frühlings niederwarfen, hat mir zweifach dazu verholfen, Prager Grundbefindlichkeiten zu begreifen, wie sie so wohl kaum sonst anzutreffen sind. Hajek erzählte: Wenn die Chartisten, die Unterzeichner jener Menschenrechtsproklamation des Jahres 1977, in den Achtzigern eigentlich unerlaubterweise ihre Treffen abhielten, dann wurden sie meist von den immer selben Geheimdienstlern beschattet. Wenn die in der Nacht endlich heim wollten, lösten sie manchmal die Versammlung förmlich als illegal auf. Wie aber sollte der alte Mann Hajek von einer konspirativen Wohnung, sagen wir in der Südstadt, nach Hause in die nordwestliche Gartenstadt kommen, in die man ihn verbannt hatte? Die Polizisten nahmen Hajek amtlich fest, fuhren ihn quer durch das nächtliche Prag ans andere Ende der Welt, wo sie ihn in aller Form wieder »aus dem Verhöhr« entließen. Denn kein Polizist dieser Welt darf jemanden, erst recht keinen »Systemfeind«, einfach so nach Hause fahren. Anderntags stand dann in den Zeitungen des Westens: »Schon wieder Sprecher der Charta '77 verhaftet!«

Als Hajek im Oktober 1993 gestorben war, erschien bei Freunden ein Mann mit der Bitte, am Grabe des Verstorbenen sprechen zu dürfen. Wie er, ein Unbekannter, darauf komme? Er sei schließlich Geheimpolizist und habe Hajek neunzehn Jahre lang beschattet. „Wenn einer ihn wirklich kennt, dann bin ich das."

Böhmen am Meer

In Prag könnte man darauf verfallen, nach den Landungsbrücken Ausschau zu halten. Oft sind die wassernahen Gassen der malerischen Altstadt erfüllt vom maritimen Ton der Nebelhörner, von tutenden Signalen der Lastkähne und Musikdampfer, daß man dahinter, noch ahnungslos von der Topographie der Stadt am Strom, alles andere als einen schroffen Horizont vermutete. Wer noch nicht der zauberhaften Zäsur ansichtig geworden ist, mit der die Moldau Prag teilt und zugleich magisch zusammenzieht, dem suggeriert der Schall weite Gestade hinter den Mauern der Gassen. Selbst wer nur eine Zeile hinter dem Moldaukai haust und weiß, daß hinter den Giebeln die Sophieninsel und die Schützeninsel gerademal hundert Meter Fluß freigeben, daß der Horizont gegenüber nicht Unendlichkeit heißt, sondern Laurenziberg nebst einem Eiffelturm-Nachbau zu oberst, selbst den weht der Hörner Klang an wie Große Fahrt. Nur diese Sommerhitze. Das ist der Kontinent.

An diesem Tag mitten im August jedoch ist sogar Verlaß auf die Natur. Die Hitze, die im Moldautal so lähmend lastete wie alles, was sich seit je von Osten aus den Tiefen des eurasischen Kontinentalblocks über Prag schiebt, ist gebrochen. In der erfrischenden Kühle jagen graue Wolkenfetzen vom Laurenziberg her. Zur Feier des Tages weht eine steife Brise aus Nordwest einen

Hauch von Küste über die Goldene Stadt. Das faulige Brackwasser in den Altarmen am Kai, riecht es heute nicht irgendwie nach Watt und Weite? Die Hörner klingen maritimer, und die Raddampfer tuten Signale in der Tonart der Welthäfen: Heute ist zum ersten Mal in der tausendjährigen Geschichte der Tschechen und des Böhmerlandes ein Ozeanschiff vom Stapel gelaufen, ein Seeschiff, ein Schiff zum Fahren auf dem Meer.

Prag kommt das vor wie die Erfüllung eines alten sehnsuchtsvollen Traumes. Prag, die Schöne inmitten des Kontinents Europa, hatte es bislang nur zur Seemannsbraut gebracht, von gut 400 Matrosen, die auf den Meeren fahren (ausnahmslos organisiert in der winzigsten der 17 tschechischen Gewerkschaften). Schon Habsburg bestückte seine Kriegsmarine gern mit böhmischen Binnenländlern, die es hinaustrieb in die Dünung. Prag bringt den Sommer am liebsten mit solchen Sehnsüchten zu und mit den Füßen tief im Wasser. Man muß die Beine nur oft herausziehen, damit die beißende Giftbrühe der Vltava, der Moldau, der Schönen nicht die zierlichen Schenkel von den Knochen frißt. Hier badet man heute nur mit Todesmut, wo Franz Kafka oft am Wettschwimmen von der Militärschwimmschule unter dem Letna-Hügel bis hinauf zur Bürgerlichen Schwimmschule an der Lotseninsel teilnahm, wo die großen Freibäder lagen, das Gelbe und das Blaue Bad. Weiträumige Lustgärten des Bürgertums, das auch gerne zu Schiff in die Vororte fuhr, nach Zbrazlav und Roztoky, um zu speisen und tanzend auf dem Wasser heimzukehren.

Heute sind die öffentlichen Flußbäder allesamt geschlossen. Und die wenigen verborgenen Privaten schlösse man gern, hätte man gesetzliche Handhaben, um Kolibakterien und andere wenig appetitliche Ingredienzien des Flusses behördlich gebührend würdigen zu können. Seltsam, das Gefieder der Schwäne verträgt die aggressive Brühe. Die Vögel sammeln sich in der Dämmerung zu vielhundertköpfigen Geschwadern, segeln auf und ab in den sanften Wirbeln unter den Brücken in einem unergründlichen Schlafrhythmus. Und die Möwen haben sich, dem ätzenden Gebräu zum Trotz, längst die Lufthoheit über Böhmens Gewässer erkämpft. Sturmerprobt unterjochen die Seevögel das binnenländische Geflügel, machen mit kühnen Sturzflügen sogar den fetten Nebelkrähen ihr Terrain streitig, verlachen offen das struppige Taubenpack, das sich ängstlich duckt, wenn die Turmfalken vorbeistreichen.

Es liegt wie ein Seufzer über der Stadt, dieses Gefühl. Eine italienische Freundin wähnt sich im Angesicht der prachtvollen Kaigebäude am Fluß in Triest, das ganz anders als Prag heute zuviel Meer hat und kein Hinterland, das zurückzugewinnen sich heute neue Hoffnung auftut. Andere, Einheimische natürlich, erkennen in den langgestreckten Palästen der Prager Burg und den schroffen Masten des Veitsdoms ein mächtiges Schiff mit Bug und Takelage.

Briten kämen nicht auf solche Visionen. Von denen aber müßten sich die Prager am besten verstanden fühlen, von den Insulanern, den Seefahrern; und unter den Briten wiederum von William Shakespeare, dem ironischen Visionär und unbefangenen Umdeuter europäischer Topographie: In seinem »Wintermärchen« verlegt er Böhmen beherzt ans Meer. Shakespeare charakterisiert das Land jedoch nicht eben höflich, indem er den mediterranen Höfling Antigonus bange fragen läßt: »Bist du gewiß, daß unser Schiff gestoßen auf Böhmens Wüstenei'n?« Doch stellt er solchermaßen souverän den direkten Schiffsverkehr zwischen Sizilien und dem Tschechenlande her. So müßten sie das erste Meeresschiff, das Böhmens Industrie hervorgebracht hat, gerechterweise »Shakespeare« nennen.

Aussichtsboote, Tanzschiffe, Wirtskähne hat man reichlich. Wenn Touristen auf den Decks nicht selbst aus Leibeskräften die deutsche Schicksalsfrage brüllen »Warum ist es am Rhein so schön?« dann singen Prager Musikanten, zum Schifferklavier natürlich, freche und melancholische Weisen, die wie Shanties klingen, wie Seemannslieder. Es sind die Lieder ihrer Binnenbrüder, der Flößer. Unter dem Višehrad, der mythischen alten Festung im Süden der Stadt, hatten Flößer und Fischer ihr Dorf, die Wasserleute, die das volkstümliche Erbe Prags wie niemand sonst geprägt haben, mehr noch als die am Moldaugrunde hausenden Wassermänner. Kein Wunder, daß in Karel Capeks grandios lästerlichem Roman »Das Absolutum oder die Gottesfabrik« die spirituelle Revolution für das gottlose Böhmen und den Rest der Welt vom Wasser ausgeht, vom Kommandanten eines Schwimmbaggers auf der Moldau, von einem feuchten Erleuchteten. Ein böser oder ein guter Nix?

Die »Shakespeare« – nennen wir unser Meeresschiff einfach so – die die Böhmen listig so gebaut haben, daß sie zur Seefahrt taugt, aber auch die Flüsse meistert, müßte sich erst einmal in einen sonderbaren Kreisel einreihen, wollte sie das Meer erreichen. In den sonderbaren Reigen, den die Prager Musikdampfer drehen, in ein absurdes Balett von einzigartiger Komik: Zwischen Altstadt und Kleinseite, wo man mit den Türmen des rechtsmoldauischen Prag und links des Flusses mit der Burg, dem Veitsdom ein atemberaubendes Panorama genießt, dessen Reiz von dem ungewöhnlichen Blickwinkel vom tiefsten Punkt, vom Wasser, gleichsam aus der Moldau heraus lebt, hier also beginnen sich die Schiffe wie im Veitstanz im Kreise zu drehen. Damit die Menschen von fernher ja den Hals nicht wenden müssen, dreht sich das Schiff an ihrer Statt. Vier, fünf Mal geht es um die eigene Achse, ein aufwendiges Manöver und nicht ganz ungefährlich, wenn zugleich die ungefügen Raddampfer auf Kollisionskurs durch die Moldau pflügen. Daß man den Menschen einen Rundumblick bieten wolle, ohne daß sie aufstehen, herumgehen müßten – ist das in Wahrheit nicht nur ein Vorwand? Die Sehnsucht nach dem Meer ist es wohl eher, die die bunte Flotte in den Kreisel treibt: Denn hier, im Strudel unter der Karlsbrücke, nehmen sie kreisend Anlauf, um endlich ihrer Flußbeengung zu entkommen, um die nötige Fahrt zu haben die Moldau hinab in die Elbe nach Hamburg zum

Meer in die Welt. Und wenn es ihnen wieder nicht gelingt, steht spottend oben auf der Brücke Sankt Johannes Nepomuk, der Wasser-Heilige, den sie einstens hier ersäuften.

Einigen wenigen Dampfern also ist es doch gelungen, dem Strudel und dem Hohn des feuchten Heiligen und moldauab in die Elbe zu entkommen, und die verkehren seither als noble Ausflugsschiffe zwischen Prag und Hamburg. Im neunzehnten Jahrhundert hat sich das ganze Volk beiläufig zu Schiff begeben. In Böhmen, zumal in Prag, brach einer Epidemie gleich die Lust zum Rudern aus: Ganze Volkskreise sammelten sich in Paddelbootsvereinen, durchquerten rudernd die Gewässer ihrer Heimat mit Leidenschaft und Ausdauer. Wer ruderte, der grüßte sich nach Seemannsart: ahoi! Das war die Parole der ersten Wassersportbewegung des ganzen Kontinents. Der Gruß traf mitten in die Sehnsucht nach dem Meer, so haben ihn die meisten Prager angenommen; und heute wundert sich der Fremdling, im Mittelpunkt des Festlandsblocks zu hören, wie sich die Menschen just in dieser Weise grüßen: ahoi! Betont auf der ersten Silbe, und vornehmlich den Freunden vorbehalten.

Warum nur die Prager eigentlich nicht inmitten Mitteleuropas leben wollen, sondern allenfalls an dessen Rand. Unsere »Shakespeare« wird der Sehnsucht den Weg bahnen. Wozu »zurück nach Europa«, wie es der Dichterpräsident Václav Havel immer postuliert? Weg vom Kontinent wäre die Devise, sie treibt die Böhmen an, immer wieder darüber nachzusinnen, wie man dieses

Land wegverlegen könnte aus der Mitte unbequemer Nachbarschaften. Nicht mitten hinein nach Europa, an den Rand eben, ans Gestade, oder am besten gleich auf eine Insel. Zu dumm, daß die britische Insel schon ungerechterweise (und ohne sonderliches Verdienst derselben) von Engländern, Schotten und Walisern besetzt gehalten wird. Nichts wie weg! Jiři Dienstbier, einer der monumentalen Dissidenten und Widerstandskämpfer der kommunistischen Tschechoslowakei, dann erfolgreicher Außenminister der CSFR, hat es definiert, beschreibt die offizielle Politik und damit die allgemeine tschechische Seelenlage so: Die Polen mögen wir nun mal nicht, die Slowaken haben wir leichthin ziehen lassen, mit den Österreichern zerstreiten wir uns über die Atomkraft, mit den ohnehin unheimlichen Deutschen über die sudetendeutsche Frage, wo Frankreich liegt, wissen wir nicht mehr so genau, die britische Insel ist leider schon besetzt; wirklich lieben wir nicht zufällig nur die Leute vom anderen Ende Welt, von jenseits des Ozeans, die Amerikaner. Dienstbier, ein Patriot, lacht dazu.

So wären wir wieder bei Shakespeare. Oder besser bei Robert Greene, einem Romancier, bei dem Shakespeare freimütig abgekupfert hat, und der Böhmen in seinem Werk »Pandosto oder Der Triumph der Zeit« freimütig als Insel beschreibt – und der damit zum treffsichersten Deuter der tschechischen Seele geworden ist.

Erbarmen hatte auch Ingeborg Bachmann mit Böhmen, erlöst es in einem ihrer schönsten Gedichte:

Kommt her ihr Böhmen alle, Seefahrer,
Hafenhuren und Schiffe
unverankert. Wollt ihr nicht böhmisch sein,
Illyrer, Veroneser,
und Venezianer alle. Spielt die Komödien, die
lachen machen

und die zum Weinen sind. Und irrt euch
hundertmal,
wie ich mich irrte und Proben nie bestand,
doch hab ich sie bestanden, ein um das andre
Mal.
Wie Böhmen sie bestand und eines schönen
Tags
Ans Meer begnadigt wurde und jetzt am
Wasser liegt.

Ans Meer begnadigt! Eine Halbinsel in der Moldau wenigstens darf Bedřich Smetana bewohnen, als Denkmal, dem nach ihm benannten Ufer vorgelagert. Die meisten Fremden, die den bronzenen Koloß umhocken, auf Plastikstühlen bei Bier oder Kaffee einen der vorgeschobensten Posten in der Idylle haltend, erkennen selten, zu wessen Füßen sie da sitzen. Damit sie das Glucksen der träge-trüben Moldauflut nicht hören müssen, die sie umgibt, verstopfen sie die Ohren mit Walkman-Hörerknöpfen. Da hören sie dann die wirkliche Moldau, die saubere, edle und schöne, die zärtliche und romantische, die von Smetana eben, jenen berühmten Satz aus »Má Vlast«, der symphonischen Dichtung »Mein Vaterland«. Er ist Programm, ist nationale Proklamation: Wem wäre noch nicht aufgefallen, wie auch bei Smetana die Moldau am Ende ganz ohne Umschweife in den weitesten aller Horizonte entschwindet, ins Meer. Daß dazwischen noch rund achthundert Flußkilometer Elbe liegen, ist ein für große tschechische Geister vernachläßigbarer Mißgriff der Vorsehung – oder vielleicht nur wieder eine der gewohnten Bosheiten der Deutschen.

Ahoi!

Das Klofenster des Präsidenten

Ein unerschöpflicher Quell des Prager Volkswitzes ist versiegt. Er ist zugemauert worden. Den Pragern wurde ein Privileg genommen, das sie wohl allen anderen Hauptstadtbürgern dieser Welt voraus hatten: Ein Leuchtzeichen sagte ihnen, wann ihr Staatsoberhaupt jenen Ort aufsuchte, zu dem auch der Präsident zu Fuß geht. Jener einsame Ausguck in der kahlen Brandmauer direkt am Moldauufer war nicht nur das bekannteste Klofenster der Republik, wenn nicht ganz Mitteleuropas. Es bot dem Insassen auch den fraglos schönsten Blick, den man von so einem Ort aus haben kann: hinüber über die Moldau und die Sophieninsel, über die elegante Kuppel von Sankt Niklas in der Kleinseite hinweg auf den Hradschin, die Burg und den Veitsdom. Vom kleinen Präsidentensitz unten hinter dem Guckloch (das mit seinem Lichtschein kündete, daß der Erste aller Tschechen in diesem Augenblick Mensch wäre wie jeder andere auch) konnte der Amtsinhaber hinaufschaun zum großen Präsidentensitz und darüber meditieren, was dort wohl gerade wieder alles schief liefe.

Es hatte gedauert, bis die Baubehörden dem früheren Widerstandskämpfer Václav Havel nun als Staatsoberhaupt erlaubten, für das »Häusl« seiner Stadtwohnung ein Loch in die Mauer schlagen zu lassen, in die Brandmauer hin zur letzten klaffenden Bombenlücke des Zweiten

Weltkriegs in der grandiosen Häuserzeile am Fluß, der Prag den Poetentitel »Goldene Stadt« verdankt. Nein, der kommt nicht von den vielen vergoldeten Türknäufen und Heiligenscheinen, und auch die Legende, wonach zu Karls des Vierten Zeiten die Dächer der Burg mit vergoldetem und die der Stadt mit Blech aus Messing gedeckt gewesen seien, hält nicht stand: Es ist die Abendsonne, in der diese nach Westen blickende, langgestreckte Zeile alter Bürgerhäuser die Moldau entlang in Rotgold erglüht, zu einer Märchenkulisse, wie sie nur dieser Ort kennt.

Diese Lücke in der goldenen Zeile hat der berühmte Herr Frank O. Gehry aus Amerika zugebaut, hat dem Präsidenten, der nicht nur deshalb indessen in eine Villa umgezogen ist, endgültig den Häusl-Blick verstellt. *Haisl* ist auch das endgültige Urteil vieler Prager. *Haisl* ist ein vieldeutiges Lehnwort aus dem Oberdeutschen, das so ordinär ist, daß »Scheißhaus« daneben mit Eleganz glänzte; *haisl* ist vieldeutig, meint auch prinzipiell unwirtliche und abstruse Dinge jenseits der Notdurft, und so ist denn – ungerechterweise – der Neubau am Moldauufer vielen einfach *haisl.*

Des Hauses kühne Konstruktion ist eine angemessene Ergänzung der imposanten Zeile. Doch hätten seine Schöpfer den schwungvollen Bau nur nicht mit Firlefanz verunstaltet, der dem unkonventionellen Wurf etwas von einer billigen Witzfigur gibt. So wird dieses Gebäude Symbol eines merkwürdigen Zustands, in den Prag nach der großen europäischen Wende und im Strudel der »Rückkehr nach Europa« (Havel) geraten ist: der

Unschlüssigkeit zwischen gut und gutgemeint, zwischen grandios und grämlich, der Unentschlossenheit zwischen kühnen Entwürfen und billigen Lösungen und dem Hinübergleiten einer gewachsenen Welt in die Künstlichkeit und deren plastifizierte Posen.

In Prag hat das, was wohl vielerorts zu beobachten ist, seine besonderen Folgen. Denn diese Stadt ist in ihrem Kern und zumindest ihrer Gestalt nach als eine der wenigen Mitteleuropas unversehrt geblieben, hat die industrielle Revolution, die Moderne, den Staatssozialismus und sogar den Krieg einigermaßen überstanden – mit Ausnahme eben jenes einen Bombenangriffs, der eigentlich Dresden gegolten hatte, bei dem ein alliierter Verband die zerstörende Last auf das irrig als eindeutig identifizierte Ziel ablud: Großstadt an Flußbiegung.

In die letzte Bombenlücke an der Moldau haben sie einen originellen Bau gesetzt, der an einem 8. Mai, dem Gedenktag des Kriegsendes, eröffnet worden ist. Ein bißchen Pose, um allfälligen Kritikern moralisch den Wind aus den Segeln zu nehmen. »Ginger und Fred«, das »tanzende Haus«, hatte der Volksmund bereits den Entwurf betitelt, weil es gleichsam mit der Silhouette eines tanzenden Paares um die Ecke zum Ufer schwingt. Zumindest an dieser herausragenden Stelle wäre jeder Prager gern selbst Architekt gewesen, wobei die Mehrheit am liebsten eine Replik des zerbombten alten Gebäudes gehabt hätte. Aber zum Glück setzten sich die Wagemutigeren durch, angeführt vom Präsidenten der

Republik. Von weitem macht das neue Haus Figur, auch mit der zerfransten Weltkugel obenauf als Zitat der Türmchen, Kuppeln und Giebel der Zeile. Doch der Schwung der elegant verzogenen Eckgestalt setzt sich linkisch in versetzten Fensterzeilen fort. Und: Haus am Fluß! Wasser! Wellen! Das ohnehin schon bewegte Objekt wurde mit Wellenlinien verziert, die stören und verwirren; die Fenster ragen wie Bullaugen aus dem Baukörper, aus denen das Haus, wie von der Basedowschen Krankheit gezeichnet, kurzsichtig aufs Wasser glotzt.

Die Prager stritten und werden noch Jahre streiten, ob »Ginger und Fred« in die Abteilung Schund gehören oder in jene Tradition, der ihre Stadt die Schönheit verdankt: Mut und Talent, fortzubauen, ohne zu zerstören, dem Vertrauen, daß alles Neue, das Charakter hat und in sich stimmig ist, mit allem anderen Charaktervollen und Stimmigen harmoniert – wie schräg gegenüber der barocke Wasserturm und der visionäre Galerie-Bau der Künstlergesellschaft Mánes von 1930. Wie auch beispielhaft am Platz der Republik: der hochgotische Pulverturm, flankiert vom Repräsentationshaus, dieser fülligen, späten Jugendstilschönen, und einem Bankbau in der Strenge der frühen Moderne. Das Repräsentationshaus wurde gleich nach der sanften Revolution sogar zweimal binnen dreier Jahre restauriert. Zunächst hatte man es eigentlich nur mit patzigen Farben angeschmiert, so daß der Bau, in dem jede Klinke und jede Kachel ein Unikat darstellt, wie ein grelles Riesenbonbon aus der

Gerüstverhängung gewickelt wurde. Wiewohl nach dem Grau der Sowjetzeit süchtig nach Farbe, erschraken die Prager selbst vor der hurenhaften Schminke dieses stolzen Ortes nationaler Identität. Bald verhüllte es wieder schamhaft Haupt und Hüften, weil selbst den wütenden Farbenpinslern der böhmischen Hauptstadt solch greller Aufzug aufstieß. Als es nach intensivster Bearbeitung wieder enthüllt wurde, kam nicht nur ästhetisch die bange Stunde der Wahrheit: Ob nämlich bei der Restaurierung irgendetwas von dem originalen Zierat übergeblieben wäre, oder ob – was nicht das erste Mal wäre – während der Arbeiten der leichthin zerlegbare Jugendstilprunk durch Kopien ersetzt und auf dem schwarzen Kunstmarkt zu horrenden Preisen verscherbelt worden sein könnte. Ist er nicht. Alles blieb an seinem Platz, selbst die aberwitzige Heißluftklimaanlage, die vom Keller aus durch gewaltige Schächte den Riesenbau beatmet, ist mit aller Delikatesse neu belebt worden. Ein Glücksfall half, denn als oberste Bauleitung hatte man international erfahrene junge Architekten gefunden, denen der Sinn für moderne und praktische Lösungen und die Ehrfurcht vor dem Ingenium der Alten gleichermaßen gegeben war. Tschechen sind farbhungrig. Sie sind es nicht erst seit der bolschewistischen Ära, die die Seele bleiern und die Sinne grau werden ließ. Frische Farbe an der Wand, jede neue Leuchtreklame wird noch heute enthusiastisch begrüßt. Doch inzwischen wird Prag bunt, zu bunt. Mit der Patina verlieren die Gassen ihre morbid-urbane Atmosphäre. Die Stadt wird zum platten Hochglanzabbild ihrer eigenen Schönheit. Die erste grelle Phase ist vorbei, zum Glück. Am Kleinseitner Ring steht die Malostranska Beseda, der Kleinseitner Club, der sofort nach der Revolution mit patzigem Orange zum optischen Flittchen des ganzen Viertels wurde. Am Kleinseitner Rathaus schräg gegenüber gelang die Umkehr, haben pastellene neue Töne die (noch eine!) Wende zur dekorativen Zurückhaltung markiert. Tschechische Touristen begegnen ihrer Hauptstadt mit Andacht und Ehrfurcht und nehmen die Farbfülle noch immer als den Glanz der Metropole. Fremde Touristen versetzt die überkolorierte Überfülle an Sehenswürdigkeiten oft rasch in gelangweilte, übersatte Interesselosigkeit, die allenfalls den Unterschied zwischen Verfall und Aufputz erkennt, nicht aber den zwischen gut und gutgemeint.

Und die Prager selbst? Wer sind die? Die wenigen, die sich noch in den Altstadtquartieren halten? Die Prager, das sind im wesentlichen die Dreiviertelmillion Menschen, die in der Peripherie riesige Plattenbausiedlungen bewohnen, und dies nicht ungern. Diese Mehrheit, so scheint es, geht heute endgültig in die vorstädtische Emigration, verläßt auch seelisch die schöne alte Stadt, um sich in den *panelaky,* den Plattenbauten, zu verbunkern. Nicht nur, weil die Preise in der City zu hoch sind. Vielerorts entseelt sich die Innenwelt des alten Prag merkwürdig. Früher war selbst der, der in der Vorstadt wohnte, dennoch in der Altstadt, der Kleinseite, in Vinohrady oder Smichov zu Hause, feierte in den Kneipen und

Cafés, flanierte auf Plätzen und Gassen. Heute lebt man in der Vorstadt oder im Gartenhäuschen auf dem Lande, und die alte Stadt durcheilt man nur mehr hastig, der Geschäfte oder Behördengänge wegen.

Und die Kneipenhocker, das Volk der Bier- und Weinstubenbewohner? Keine Stadt hat solche Gewölbe, Säle, Winkelstuben. Täglich öffnen neue, Bierkneipen, Weinstuben, Bistros, Imbißstuben, vollgestellt mit Holzmöbeln, die von den Plastikimitaten nicht zu unterscheiden sind. Prag hat Kneipen, mehr sogar vielleicht als Wien oder Amsterdam, aber es hatte lange Zeit wenig zum Verweilen. Erst Jahre nach der neuen Freiheit des Marktes gelang es, wieder so etwas wie Biotope der Gemütlichkeit und Gastlichkeit zu pflanzen, die gräßliche Plattheit des neuen Einheitsstils in merkwürdigen Winkeln und mit bizarren Dekors zu zähmen, dem postmodernen Abzockerdesign neue Nischen abzutrotzen. Zuvor hatte man »verschönert«, so etwa die alten Markthallen von Smíchov und Vinohrady, beispielhaft schöne Zweckbauten des 19. Jahrhunderts, zu abschreckend kalten Legebatterien des Konsums abgetakelt. Und an den schönsten Plätzen und reizvollsten Ecken, wo bisher noch kein Klamottenladen eröffnet hat, nistet sich mit chromblitzendem Gebiß ein Kreditinstitut ein. Heinrich Böll hätte seine Frage aus den bundesdeutschen Sechzigern hier drastisch neu stellen können: Wieviele Banken braucht der Mensch?

Neue, lichte Offenheit? Vielleicht vertreibt die alten Prager aus dem alten Prag, daß die Stadt ihre Höhlen und Tunnels, ihre Käfige und Verliese verloren hat. Man hat die Gerüste abgeholzt, ganze Areale modernder, rostpatinierter bizarrer Skulpturen, die jahrzehntelang ganze Viertel überwucherten und ganze Blocks umklammert hielten wie einst der Rosenbusch Dornröschens Schloß. Sie waren Monumente der Unzulänglichkeit, des Schlendrians, des Geldmangels, aber auch der Unsicherheit, wie mit manch historisch wertvoller Ruine zu verfahren sei. Heute erschrickt man im lichten Zentrum der Kleinseite und vor dem unverhofften Glanz des »Ungelt«, des alten Zollhofes hinter der Teyn-Kirche, die auf immer in der Umklammerung der Gerüste erstarrt zu sein schien. So multiplizierten die sozialistischen Gerüstverbauungen das geliebte System der Prager Durchhäuser, jener für den Ortsunkundigen verschwiegenen Fluchtwege durch kaum kenntliche Pforten, Höfe und Gewölbe – Golems Gassen.

Wo die Gerüste verschwunden sind, darf man froh sein, wenn Altes neu erstrahlt, denn die Versuche im Zeitgemäßen sind meist von dumpfer Langeweile und Gesichtslosigkeit. Nicht, daß die Stadt nichts Zeitgemäßes vertrüge, im Gegenteil, sie fordert es heraus, wie sie es in ihrer Geschichte immer getan hat. Aber so? Ganz nach der Doktrin der Postmoderne, der mit Zipfelmützen bewehrten Zitatenarchitektur, hat unter der Rampe zur Burg das Hotel Hoffmeister Wurzeln geschlagen, dem der einstige Präsident der Akademie der Bildenden Künste das Attribut »deutsche Dorfpostmoderne« verlieh. Gleich neben der Bertramka, der Stadtidylle, in der Mozart seinen »Don Giovanni« schrieb, hat sich eine Hotelkette mit einer kantigen rotgelben Farborgie ausgetobt. Hotel »Don Giovanni« heißt übrigens ein ungefüger rosa Kitschkasten, den statt der Zipfelmützen vier orientalische Glaskuppeln krönen – direkt neben dem neuen jüdischen Friedhof zu Häupten von Franz Kafkas Grab.

Am Graben, einem der prominentesten Boulevards des Zentrums, wurde wiederum ein letztes Bombenloch mit einem Betonglaskasten plombiert, dessen Stilistik der alten Regel folgt, die Symmetrie sei die Ästhetik der Einfallslosen. In einer Stadt, die von wechselnden Perspektiven und Durchblicken lebt, von theatralischen Auftritten und den architektonischen Bühnen gediegener Bürgerlichkeit, haben die Erbauer schlicht übersehen, daß die Panská-Gasse senkrecht auf die Fassade zuführt, eigentlich ein erstrangiger Anlaß für eine der artifiziellen Stadtinszenierungen, mit denen alle früheren Baumeister ganze Bühnenbilder urbanen Lebens geschaffen haben. Schließlich haben sie das Hotelprojekt am Ales-Ufer direkt gegenüber dem Burgberg wiederbelebt. Würde es verwirklicht, überragte es als stupider, dumpfer Pilz die filigrane Silhouette der Altstadt und erschlüge den einmaligen Stadt-Fluß-Raum an der Karlsbrücke.

Schräg gegenüber, auf der Kampa-Insel, verfällt indessen die erste Kunstmühle der Stadt in berückend bizarrer Neugotik; am Letná vergammelt der Pavillon der Expo '58; auf den Moldaufelsen im Süden verkommen die einst so beliebten

Barandov-Terrassen, ein ungemein elegantes, früh konstruktivistisches Ausflugslokal. Die miese Disco, die da herumwummerte, bis auch sie schließen mußte, hätte besser in den legendären wie kolossalen Doppelstraßentunnel gepaßt, der für nichts anderes taugt, schon gar nicht dazu, den Nordwesten Prags mit dem alten Arbeiterviertel Smíchov zu verbinden. Von den Kommunisten wurde er geplant und begonnen, nun hat man ihn fertiggebaut, ohne sich auszudenken, wo er hinführen, wie er an die südlichen Autobahnstränge angebunden werden könnte. Aber weil es ihn nun mal gibt, hat man angefangen, alte Gewerbeareale abzureißen, hat noch ein Tunnelloch gegraben und mitten in der Stadt für neue Zufahrtsräume den weiteren Abriß ganzer Wohnviertel hingenommen.

So baut und bohrt eine Gesellschaft – baut und bohrt, ohne Vorstellung, was das soll.

Jede Zeit kennt ihre städtebaulichen Grausamkeiten. Gerade in Prag offenbart sich schnell, was an heute bewunderter Substanz einst nur durch rücksichtslose Eingriffe in Gestalt und Seele der Stadt möglich wurde. Die Kirche Sankt Niklas in der Kleinseite, das Jesuitenkolleg Klementinum, heute Nationalbibliothek, die prunkvolle Pariserstraße, der ganze Wenzelsplatz mitsamt dem Nationalmuseum zu seinen Häupten, das Nationaltheater, die Nationalbank – Zumutungen damals, doch oft – nicht immer – Visionen von epochaler Tragfähigkeit. Der verspätete Einbruch der Konsum- und Amüsierwelt scheint der Mittelmäßigkeit Raum zu schlagen, der Prag so lange widerstanden hat.

Zum Beispiel der weltweit gerühmte Wenzelsplatz: Er ist heute ein Ort für Großtandlerei, zudem Bordell und Kampfarena der Prager Taxi-Gangs. Das allerdings wären schnell reparable Zeiterscheinungen. Anders der Platz der Republik, an dessen Flanke eine alte Lücke gähnt, wo seit hundert Jahren geplant, aber nie gebaut wurde, wo aber jetzt eine bayerische Großbank stadtgestalterisch tätig wird. Denn alles, was hier vollführt wird, prägt das Gesicht der ganzen Stadt mit. Aus Angst vor billiger postmoderner Zitierwut hat sich eine internationale Jury auf einen Entwurf geeinigt, der mehr den Linien der speziellen Prager Bauhaustradition folgt. Die einen nennen ihn erfreulich zurückhaltend, die anderen verzagt, mutlos. In dieser Stadt der architektonischen Wagnisse greift man heute zur Strategie der Vermeidung, huldigt – wie in der Politik auch – dem Mythos der zwanziger und dreißiger Jahre, der Ersten Republik, die auch politisch als glänzendste Epoche des Landes galt. Das offenbart sich im Foyer des als Galerie wiedereröffneten Messepalasts, eines Doms der Ruhe und der Klarheit der Formen. Hier offenbart sich aber auch, wie töricht man heute ist, wenn man in diesem Tempel des Lichts große Teile der Fenster der musealen Widmung wegen einfach verdunkelt und klare Räume mit Stellwänden zerstückelt.

Daß übrigens der tschechische Architektenverband indessen drei tschechische Mitglieder der Jury für den Platz der Republik wegen kleiner Formfehler wütend verfolgte, hatte zum Hintergrund, daß das Auswahlgremium unter den vielen eingereichten Entwürfen keinen rein tschechischen finden konnte, den zum Ankauf zu empfehlen sich lohnte. Zwölf insgesamt schienen dessen würdig, die meisten übrigens von Tschechen aus dem Exil. Der Auswahlkommission wäre allenfalls vorzuwerfen, verkannt zu haben, daß hier auch heute der Ort für kühn Gebautes ist, wie es den Platz säumt.

Doch Golems Prager Zwilling, der bohrende Neid, unterstellt der Jury gar Bestechlichkeit. Man hätte sich gleichsam einen Chauvinistenturm gewünscht, für Prag, das von Tschechen, Deutschen, Juden, Slowaken, von Italienern, Franzosen, Spaniern erbaut wurde, das nur im Kulturenwettbewerb, nie aber als monokulturelle Enklave diese Gestalt annehmen konnte, in der die Künste halb Europas glücklich ineinander fließen.

In Prag steht die neue Zeit merkwürdig still. Über der Stadt, dort, wo einst Stalins Kolossalstatue dräute, steht ein graziles riesenhaftes Metronom. Auch das steht oft still. Es fehlt am Geld für Strom. Ganz selten, wenn es sich bewegt, weil jemand einen Obolus gespendet hat, in fünf Sekunden hin, in fünf Sekunden her, ist es auch Fingerzeig, ja nicht zu vergessen, daß Zartheit und Differenzen die Faszination der Stadt ausmachen.

Von hier oben offenbart sich ein weiterer Anschlag auf den Genius loci: Die melierte Gebrochenheit der alten Ziegeldachlandschaften mutiert zum Feld der plastifizierten Monokultur, jedes charaktervolle Dach verschwindet, kaum neugedeckt, in der Monotonie des industriellen Einheitsrots.

Die Hunderttürmige heißt diese Stadt in der Literatur. Ihre Faszination hat mit der Senkrechten zu tun, wie es Le Corbusier ausgedrückt hat. Normale Städte liegen, meinte er, Prag steht. Wie lange noch?

Der Bauch

Sankt Wenzel ist ein harter Mann. Zumindest der Sockel, auf dem das Denkmal des finsteren Nationalheiligen zu Häupten des Wenzelsplatzes in Prag steht, ist von granitener Schwärze und steinerner Unverrückbarkeit. So mancher hat das auf merkwürdige Weise leiblich zu spüren bekommen, so mancher wurde mit sanfter Gewalttätigkeit dem Patron näher gebracht, als ihm lieb war. Den Heiligen Wenzel, im Denken seiner Bürger Begründer aller tschechischen Staatlichkeit und Identität, haben die Prager nicht selten als Zeugen und Schutzpatron eben gegen die eigene Staatsmacht angerufen. Mit dem Reiterstandbild oben auf dem weiträumigen Boulevard hat man dem Patron und dem Platz gleichzeitig ein Denkmal gesetzt, der historischen Örtlichkeit, die der Roßmarkt der Prager Städte war, genauso wie dem immaginativen Nationengründer, den der wuchtige Gaul trägt. Zu Füßen beider hat man sich oft und gern zusammengetan, meist aus mißlichem Anlaß.

Hier hatte sich im Januar 1969 der Student Jan Palach verbrannt, aus Protest gegen die Vorliebe der Sowjetmacht, die tschechoslowakische Kulturrevolution des Prager Frühlings mit Panzern niederzudiskutieren. Ende der achtziger Jahre häuften sich kleine Demonstrationen, Dispute mit den allgegenwärtigen Bütteln des KPČ-Regimes, Rangeleien mit der Polizei – ein atmosphärischer

Nukleus des verhaltenen Widerstands, um den herum sich dann in der sanften Revolution im November 1989 die gewaltigen Demonstrationen versammelten, die die staatssozialistische Spießerdiktatur tschechoslowakischer Prägung zum Einsturz bringen sollten.

Obwohl vorher schon ringsum die Sowjetländer in den Fugen krachten, sich mit Macht die europäische Wende ankündigte, waren sich die Herren in Prag, die seit dem Reformversuch des Jahres 1968 auf den Bajonetten der Roten Armee das Land »normalisiert« hatten (so der offizielle Sprachgebrauch), ihrer Sache noch immer sicher: Hier in der Tschechoslowakei, der letzten unversehrten Zelle der reinen sozialistischen Lehre, würden die konterrevolutionären Thesen aus Polen, Ungarn und der Sowjetunion keine Wirkung zeigen. Die Partei glaubte auch die Jahrtausendwende noch mit allem bolschewistischen Pomp zu begehen, ja, man werde zu diesem Anlaß selbst die durch Gorbatschows Glasnost und Perestrojka verweichlichte Hegemonialmacht zu beschämen wissen. »Von der Sowjetunion lernen!« Die alte Formel der Unterwürfigkeit schien sich in ihr Gegenteil zu verkehren. Sogar den Besuch der bis dahin immer noch höchsten Autorität auf Erden, des Generalsekratärs der KPdSU, Genossen Michail Gorbatschow, im Frühjahr 1988 standen die Prager Machthaber souverän durch, obwohl die Menschen den Gast bei einem Stadtspaziergang unverhohlen als Freiheitsengel bejubelten und ihre eigenen Herren in dessen Gefolge verpfiffen. Die Hoffnung trog, der Moskowiter brachte außer einer neuen Abrüstungsinitiative nichts mit, was das ČSSR-Regime hätte irritieren können.

So sind die kleinen Aufläufe, Stänkereien und rührend trotzigen Versammlungen zu des heiligen Wenzels Füßen der Staatsmacht allenfalls lästig, fürchten mag sie sich in ihrer trügerischen Sicherheit nicht. Gelegentlich statuiert man ein Exempel. So, als man im Januar 1989 den prominenten Widerstandskämpfer Václav Havel zu fünf Monaten Haft wegen Rowdytums verurteilt: Ein Blumenstrauß, zum zwanzigjährigen Gedenken an Palachs Feuertod am Sockel des Heiligen niedergelegt, ist den Machtwaltern Anlaß genug, der rechten Gesinnung demonstrativ die Bresche zu schlagen und die Strafjustiz in sozialistischer Unbeirrbarkeit zu üben. Zur Vorsicht setzt man die alte Gebetsmühle mit den ortsüblichen Vorwürfen in Gang, daß das bißchen Unruhe, das gelegentlich zu verzeichnen sei, sowieso von außen, vom Ausland angestiftet werde: Namentlich von westlichen Journalisten, die Asoziale, Alkoholiker und polizeibekannte Radaubrüder zu vorgeblichen »Protesten« anstifteten, um dann schöne Bilder ans Sensationsfernsehen verkaufen und die ČSSR diffamieren zu können.

Diesen Beweis zu führen, ist ein kleiner Greifertrupp der politischen Abteilung der StB, der tschechoslowakischen Geheimpolizei, beauftragt, die von einem jovialen Riesen befehligt wird. Der Mann, keineswegs vierschrötig, überragt die Menschheit gewiß um Haupteshöhe, behält so immer den Überblick, dirigiert seine Spitzel, die man wie überall im Ostblock am öligen Haar, den Kunstlederjacken und penetranter Unbeteiligtheit erkennt. Besondere Merkmale des bedächtigen Riesen sind ein beinahe gütiges, fast immer bekümmert dreinblickendes Gesicht mit grauem kurzem Vollbart und ein ungeheurer Bauch. Diesem sollte bei der Verteidigung der sozialistischen Ordnung eine besondere Rolle zufallen. Gelegentlich greifen sich die Amtszivilisten einzelne Demonstranten, um umständlich deren Personalien, deren vermeintliche Vergehen und Motive zu protokollieren. In heiklen Fällen aber, etwa bei einem ausländischen Pressemenschen oder bei besonderer Renitenz eines prominenteren Delinquenten, kann es sein, daß der Kommandant selbst zur Tat schreitet: Den zu Arretierenden drängt er mit der Fülle seines ungeheuren Leibes gegen festen Hintergrund, eine Wand vielleicht, vorzüglich an den granitenen Sockel des Heiligen Wenzel. Sein riesiger, ungemein weicher, fürsorglicher und doch so fester Bauch gibt dem an den Stein gepreßten Übeltäter eine ungefähre Ahnung von den Gefühlen einer Preßblume zwischen den Seiten eines würdigen Folianten. So eingeklemmt, kann man weder ein noch aus, auch ohne schmerzhafte Polizeigriffe, muß den wieseligen Geheimdienstlern zu Willen sein: Personalien, Herkunft, Beruf? Motiv eindeutig: Wieder einmal sind fremde Medienzersetzer die Anstifter gewesen für Unordnung auf dem Wenzelsplatz.

Eine sanftere, aber unausweichlichere Überwältigung läßt sich kaum denken. Ein geheimdienstlicher Vollbauch voll beharrlicher Wucht, bedrängend, aber doch in massiger Sanftmut weder Pein zufügend, noch Blessuren hinterlassend, noch Milde gewährend. Vorteilhafterweise trägt der bekümmerte Riese immer flauschige Wollpullover, die der Ruhigstellungsprozedur zusätzlich den Anschein nachsichtiger Weichheit verleihen, diese Masse aus Sanftmut und Strenge, väterlicher Obsorge gleich, aus der es nie ein Entrinnen geben kann.

Zwischen der letzten amtlichen Beklemmung dieser Art, die dem Berichterstatter zuteil wurde, liegen kaum zwei Monate bis zu dem Zeitpunkt, da der bei der Justiz als unverbesserlicher Rowdy geführte Václav Havel zum Präsidenten der Republik gewählt wird. Er bleibt noch lange da wohnen, wo er immer gewohnt hat, am damaligen Engelskai, in einem großbürgerlichen Mietshaus jener malerischen Uferzeile an der Moldau, die heute längst in Rasin-Kai umbenannt worden ist. Wie manchesmal zu kommunistischer Zeit, führt der Weg wieder an die Moldau und die vier Treppen hinauf zur Wohnung der Havels. Ein neuer und neuerdings namenloser Klingelknopf unten am Portal, zu dem wenige Stufen führen. Auf das Glockenzeichen öffnet sich die schwere Tür, die früher immer offengestanden hatte, gibt aber den Weg nicht frei. Denn in den Rahmen schiebt sich unüberwindlich eine wollenweiche gewaltige Füllung: der Bauch, sanft aber bestimmt seinen Herren abschirmend, den Präsidenten der Republik. Er habe seiner Heimat immer treu gedient, sagt der Riese noch und macht dabei sein vertrautes bekümmertes Gesicht.

Wenige Wochen später ist der Mann verschwunden. Trotz seiner beeindruckenden Masse verliert sich seine Spur im Ungefähren der neuen Prager Freiheit.

Liebe, blind

Nadine sitzt im Velryba, im »Walfisch«, und lernt. Sie sitzt schon Monate fast täglich hier unten in der Souterrainkneipe in der Opatovicka-Straße, und obwohl die Bierstatt U Fleku, die man das Prager Hofbräuhaus nennen könnte, nur drei Minuten um die Ecke liegt, streift der normale Touristenstrom den Ort kaum, ist man unter sich. Ein paar Niederländer, ein paar Amerikaner, ein paar Tschechen, die sich nicht recht entscheiden können, ob sie sich der Bohème oder den neuen Yuppies zugehörig fühlen sollen. Letztere häufen auf gelblichen Karten, die sie auf dem runden Tischchen ausgebreitet haben, kleine Hügel von Hasch oder Koks auf und finden den ungenierten Umgang mit den tückischen Rauschstoffen geil und ungeheuer zeitgemäß.

Nadine kümmert die halbseidene Atmosphäre ringsum nicht, sie gehört nicht zu den Leuten, die mit Haluzinogenen hantieren müssen, um Leidenschaften erglühen zu lassen, um tiefe Emotionen zu empfinden. Das Treiben der bekifften Narren kümmert sie nicht. Nadine kommt aus Frankreich, aus der Auvergne, und sie lernt wie besessen. Sie lernt Tschechisch. Manchmal scherzt sie mit ein paar freundlichen Spaßvögeln aus Toledo/Ohio und freut sich, wenn ein alter Prager hereinschaut, der gar nicht hierher zu passen scheint, der aber gewöhnlich im benachbarten Antiquariat nach den Schätzen der versunkenen

Prager Vielsprachigkeit stöbert und der der Bequemlichkeit halber gleich hier einkehrt. Der alte Herr, den mit seinem in Würde abgeschabten feinen alten Anzug der Hauch charmanter Antiquiertheit umflort, spricht Französisch und kann Nadine deshalb einige befremdliche Feinheiten des Tschechischen auslegen. Er bleibt meistens nur auf einen langen türkischen Kaffee, mehr kann er sich nicht leisten, aber für Nadine sind das lange Augenblicke der Erkenntnis.

Was ist es nur, das die 22jährige mit dem braunen Pagenkopf und den Haselnußaugen mit so offensichtlicher Leidenschaft und Hingabe diese schwierigste unter den Sprachen des slawischen Kulturraums pauken läßt? Eine Sprache, die gerade einmal zehn Millionen Menschen sprechen, selbst im kleingliedrigen Mitteleuropa wenig und nicht gerade die breiteste Basis für irgendeinen späteren Nutzen etwa beruflicher Art. Nein, sie hat hier keine Arbeit gefunden, hat auch keine gesucht, sie will in Prag vorerst auch nicht studieren, und eine Herzensangelegenheit ist es auch nicht. Sagt sie. (Jedem Neuling in Prag wird unverzüglich mit verschwörerischem Augenzwinkern empfohlen, sich alsbald zu verlieben, nur so öffne sich ein erträglicher Zugang in diese Sprache.)

Es ist beinahe so, aber doch ganz anders. Nein, Nadine hat keinen Geliebten, keinen leiblichen zumindest. Sie lernt, verrät sie irgendwann, um irgendwann den ihr um alles in der Welt liebsten Schriftsteller im Original lesen zu können: Franz Kafka.

Man hat sich noch selten solches Entsetzen in der Seele eines jungen Menschen ausbreiten sehen. Staunen, Schluchzen. Nein, sagt sie, sie habe nur alles von Kafka gelesen, nie etwas über ihn.

Nadine ist wohl ziemlich bald heimgefahren.

Die jungen Amerikaner, die in der nach Franz Kafka benannten kleinen Buchhandlung des Vitalis-Verlags auf der Kleinseite nach den Romanen des Großen fragen, wundern sich über die Überfülle an Kafkas Werken in Deutsch in den Regalen. Sonderbar, daß alles, wirklich jede Zeile »of the greatest czech author« übersetzt worden ist!?

PS: Wer glaubt, diese Episode bereits aus der Literatur zu kennen, hat recht. Sie ist in Witzform, als kitschige Anekdote, als verschwörerisches Liebesdrama oftmals kolportiert worden. Dennoch hat sie sich genau so zugetragen, auch wenn man inzwischen geneigt wäre, sie für eine Erfindung zu halten.

Nepomuken, die auf die Brücken spucken

Gottes Mühlen mahlen langsam? Erst die der katholischen Kirche. Wenn sie schon in Windeseile, nämlich binnen dreihundert Jahren, Galileo Galilei (»Und sie bewegt sich doch ...«) zu rehabilitieren verstand, so brauchte Rom genau sechshundert Jahre, um einen böhmischen Streitfall zu lösen, der dem gläubigen Volke zu einer seiner beliebtesten Heiligengestalten verhalf: Erst in den neunziger Jahren des letzten Jahrhunderts des zweiten Jahrtausend nach Christi Geburt, also vor kurzem, hat es dem Papst und der Kurie endgültig gefallen, die Errichtung des westböhmischen Bistums Pilsen zu beschließen. Geschehen ist dies in dem böhmischen Städtchen Nepomuk, bei den Feierlichkeiten zu Ehren des heiligen Johannes Nepomuk, der vor sechshundert Jahren einem verspäteten Investiturstreit um die Gründung eben dieses westböhmischen Bistums zum Opfer fiel. Eine kirchenamtliche Neuschöpfung, um die schon 1393 zwischen dem damaligen Prager Erzbischof Johann von Jenzenstein und dem böhmischen König Wenzel IV. tödliche Feindschaft ausbrach. Und deren erfolgreiche Verhinderung bezahlte Jan z Pomuku mit dem Leben. Der damalige Prager Generalvikar, der sich selbst Johannes de Pomuk nannte, und der, nachmalig zu Johannes Nepomuk mutiert und in den Heiligenstand erhoben, wurde zum fraglos bis heute in Mitteleuropa präsentesten Himmelsbewohner auf Erden.

Zu seinem Festtag sind Kirchenfürsten die Hülle und Fülle erschienen, so alle Diözesanvorsteher Bayerns und Österreichs, und die böhmischen Länder hallten wider von Feiertagsgesängen und Festreden; aber auch von Polemik, die diesen so volkstümlichen Heiligen neuerlich in den Mittelpunkt der politischen Kontroverse stellt. Die politische, nicht religiöse Kontroverse, hat ihn ja zum »Märtyrer« gemacht. Die politische Kontroverse verhalf ihm Jahrhunderte nach seinem Tod abseits des Volksglaubens zu besonderer Förderung von Kaiserhaus und Kirchenhierarchie, und im 19. Jahrhundert geriet er in die Mühlen des Wettbewerbs, des Streits um nationale Identität, in die tiefgründenden Querelen um den »Völkerkerker« Habsburg, um Deutungen über Partnerschaft oder Unterdrückung. Damals und in der ersten tschechoslowakischen Republik münzte man Prozessionen und Wallfahrten zum heiligen Nepomuk zu reaktionären oder aufklärerischen Politdemonstrationen um. Man sah in ihm einen »Anti-Hus«, also ein papistisches Gegengift gegen die reformatorischen und nationalen Verdienste des großen böhmischen Reformators Jan Hus (Johannes Huss). Selbst die Kommunisten wußten gegen ihn zu polemisieren und ihn als das Gegenteil von Aufklärung und Emanzipation zu brandmarken. Noch in der sanften Revolution nach dem November 1989 gab es strittige Stimmen aus dem tschechischen Bürgerforum (das den demokratischen Umsturz trug), ob dieser Nationalheilige nun ein der demokratischen Zukunft zuträglicher Schutzpatron sei, oder ob man besser die Finger von dem zweideutigen Burschen lassen solle.

In Böhmen und Mähren, nicht minder aber in Bayern, Tirol, Salzburg – Nepomuk ist dessen Bistumspatron – und weit hinein ins umliegende christliche Abendland stellt der »Muckl« oder »Mockl« eine der vertrauenswürdigsten Gestalten des Volksglaubens und darüberhinaus wegen seiner Omnipräsenz als spiritueller Brückenwächter und Marterlheiliger schlichtweg ein Stück Heimat dar. Sonderbar, daß gerade ein Kirchenmensch so volkstümlich wurde, der nachweislich mit der Seelsorge nicht viel im Sinn hatte und dessen Talente ganz wo anders lagen: Die leidenschaftliche Nepomuk-Deuterin Johanna von Herzogenberg nennt ihn den »ersten beamteten Weltgeistlichen, der heiliggesprochen wurde«. Sein Wirken ist damit ziemlich eindeutig charakterisiert: Der mit so viel Liebe, bodenständigem Brauchtum, Legenden sonder Zahl und volkstümlichem Zutrauen verehrte Kleriker war in Wahrheit ein wendiger und harter Kirchenpolitiker und Verwaltungsmann.

Unter den imposanten Skulpturen auf der Prager Karlsbrücke, an denen sich heute die Masse der Touristen vorbeiwälzt, ist die des Nepomuk (eine Kopie) die älteste und fraglos prominenteste. Der Kranz von fünf Sternen um das Haupt des Märtyrers ist im Zweifelsfalle das am häufigsten zu ersetzende Opfer der Souvenirjägerei. Heute kann man nach einem Prag-Trip offenbar nicht nach Dallas oder Bergamo heimkommen, ohne einen geklauten Stern des Prager »Muckl«

vorzuweisen. So entartet heute ein alter Brauch der Prager Studenten, denen Nepomuk über die schlimmsten Prüfungsängste hinweghalf: Mit einem der originalen Sterne des Brückenheiligen in der Tasche, so war man sich sicher, bestehe man jedes Examen. Der steinerne Heilige steht nicht weit von jener Stelle, an der ihn der vorgebliche Wüterich Wenzel hat in die Moldau stoßen lassen, um ihn zu ersäufen, eine Tat, von der noch heute eine Bronzetafel kündet: Er habe sich geweigert, sagt die fromme Legende, dem Gott und der Welt mißtrauenden König die Geheimnisse auszuplaudern, die ihm die Königin Sophie in der Beichte anvertraut hatte. Wenzel habe Nepomuk eigenhändig gemartert und dann ertränken lassen. Die Beichtlegende, die Nepomuk zum großen »schweigenden Heiligen« gemacht hat, taucht erst vierzig Jahre nach seinem Tod in den Annalen auf. Tatsächlich wurde er – soweit rekonstruierbar – wegen eines Verwaltungsaktes der »peinlichen Befragung«, also der Folter als damals rechtsüblichem Ermittlungsinstrument, unterworfen. Er erlag der Tortur. Um den Schein des Rechts zu wahren, warf man den Leichnam ins Wasser – die damals für Priester standesgemäße Form der Urteilsvollstreckung.

Um einen Günstling zu bedienen und um die Macht des Erzbischofs zu schmälern, wollte König Wenzel ein westböhmisches Bistum errichten, das an geistlichem und weltlichem Besitz die nördlich von Pilsen gelegene Abtei Klatruby beerben sollte, deren Abtsstuhl frei geworden war. Um die Bistumsgründung zu verhindern, zog der

Generalvikar Jan aus Pomuk im Auftrag des Erzbischofs das Anerkennungsverfahren des eilends vom Konvent neugewählten Abtes in aller nach damaligen Rechtsregeln möglichen Eile durch und durchkreuzte so die Pläne der Krone. Der mit Papst, Adel und dem Rest der Welt zerstrittene König hatte dem Kirchenfürsten, einem verbissenen Asketen, sowie seinen Hintersassen schon vorher Folter und Ertränken angedroht. Beide Kampfhähne wurden übrigens später zum Abtritt von ihren Ämtern gezwungen. Soweit die Historie.

Der Herr Präsident Václav Havel ist höchstpersönlich zu den Feierlichkeiten nach Nepomuk gekommen. Er darf sich wenigstens auf eine beiläufige Namensverwandtschaft berufen: Nach Studien in Italien wurde der Kirchenrechtsgelehrte aus Pomuk kurzzeitig Seelsorger in der Prager Pfarrei Svatý Havel, wie Sankt Gallus auf Tschechisch heißt. Der alte Name Pomuk wandelte sich wohl in Verehrung des Dorfrichtersohnes Johannes aus der lateinischen Formel »de Pomuk« in Nepomuk (wortmystische Deutungen, schon der Ortsname weise auf den großen Schweiger hin, indem er sich von »ani muk! – kein Wort!« herleite, sind legendäres Rankenwerk). Erst Pomuk, dann Nepomuk, der Ort also, wurde stets vom Glanz einer Zisterzienserabtei und von dem Schloß auf dem Grünberg überstrahlt. Beide Komplexe liegen seit langem in Ruinen oder sind im Begriff zu verfallen. Die Kirche, die dem großen Sohn des Ortes geweiht ist, war einst als Heiligtum Johannis des Täufers errichtet worden.

Erst im 18. Jahrhundert, nach lebhaften Protesten der Bevölkerung und nach langen Selig- und Heiligsprechungsprozessen für Jan aus Pomuk taufte man sie auf den hauseigenen Johannes um. Oft überstrahlen die Baumeister die sakralen Absichten. Welche frommen Münchner Bürger wüßten etwa noch, daß die prätentiöse, weltberühmte sogenannte Asam-Kirche inmitten der Stadt in Wahrheit eine Nepomuk-Kirche ist? Hier, in Nepomuk selbst, bedarf es des heiligen Namens, um das malträtierte Heiligtum zu rechtfertigen: Zwar ein Prachtbau des Ignaz Kilian Dientzenhofer, der – eine herrlicher als die andere – in Böhmen Kirchen gebaut hat wie andere Semmeln backen, ist sie von der Neorenaissance entseelt und von jüngsten Restauratoren mit gelber und oranger Farbe zugeschmiert worden, daß es Gott erbarm.

Das Sechstausend-Seelen-Städtchen läßt einstige Grazie nur noch ahnen. Es ist ein Musterbeispiel für Zerstörung durch Achtlosigkeit, sei sie kommunistisch oder postrevolutionär: Plattenbauten, Lücken, Kahlschläge; dazwischen, wie Goldzähne in marodem Gebiß, ein paar sorgsamer restaurierte historische Bauten. Auf dem Sockel vor der viel zu großen Schule stand wohl einst Kaiser Franz Joseph, dann Lenin, heute Tomaš G. Masaryk, ganz frisch aus Sandstein gehauen. Einzig ergreifender Ort mittendrin ist die Ruine der alten Fabrik, auf deren Ziegelkamin ein Storchenpaar brütet. Eher ein Hort des Naturfreundes Franziskus? In diesem Vogel treffen sich symbolhaft der heilige Zivilisationsflüchter Franz und der heilige Machttechniker Johann: Gäbe es nicht das viele Wasser rundherum, dessen großer Heiliger er ist, auch die Störche kämen nicht mehr nach Nepomuk.

Anders als sein letzter Nachfolger Havel, hätte sich Masaryk, der Gründerpräsident der Tschechoslowakei, sicher schwer getan, nach Nepomuk zu pilgern. Der aufklärerische, eher protestantisch gewirkte Philosoph, zu dessen Zeiten man der Hussitischen Kirche neu auf die Beine half, sah sich oft dem Mißbrauch des 16. Mai, des Namenstages Johannes Nepomuk, als politischer Demonstration gegenüber: Die altgewohnten Prozessionen des katholischen Landvolkes wurden nicht selten in Protestmärsche gegen sein als gottlos verschrienes, aufgeklärtes Regime umfunktioniert. Bis heute tobt der Gelehrten- und Ideologenstreit, ob nicht überhaupt der gewaltige Aufstieg des Johannes Nepumuk als Offensive gegen die Nationalgestalt der Tschechen – nach dem heiligen Wenzel –, den Kulturrevolutionär Johannes Huss, regelrecht inszeniert worden sei. Eine These sagt, speziell die Jesuiten hätten als Sturmtruppe der Gegenreformation den Kult des »schweigenden« Johannes (in welcher Sprache, war da ohne Belang) gegen den des in der lateinischen Kirche tschechisch predigenden Johannes aufgebaut. So sei es auch vonnöten gewesen, um jeden Preis den Märtyrertod des Nepomuk nachzuweisen, auf daß er der Würde des Volksfreundes und Aufrührers Hus standzuhalten vermöchte, den das Konzil zu Konstanz unter Bruch aller Gelübde selbst zum Märtyrer erhoben hatte, indem es ihn verbrennen ließ. Hier der Schweiger, dort der Prediger. Dieser Gegensatz wurde im 19. Jahrhundert zum pädagogisch-politischen Kampfmittel. Der Altkommunist Zdenek Nejedly brachte es schließlich so auf den Punkt: Die Jesuiten hätten Hus durch den schweigenden Nepomuk ersetzt, und so das Ideal von Aufklärung und Emanzipation durch das Symbol des Duldens, des sich Duckens ersetzt. Nepomuk symbolisiere die geistige Dunkelhaft des Barock, der fortgesetzten Gegenreformation. Petr Pithart, einer der Protagonisten der sanften Revolution und zwischenzeitlich Ministerpräsident der Tschechischen Republik (vor der Teilung der Tschechoslowakei), hatte den »schweigenden Mann« hingegen einmal den »Wächter am Brunnen des nationalen Lebens« genannt. Dieses »heilige Schweigen über dem Wasser war die Aufforderung zur konzeptiven Versammlung der Nation, die die umliegende Welt reformieren will, und darüber vergißt, sich selbst zu ändern.« Das Destilat aus diesem kryptischen Satz ist am ehesten die Erkenntnis, daß Nepomuk sehr tief im Bewußtsein der modernen tschechischen Gesellschaft sitzt, auch wenn er politisch in ihr nicht mehr so präsent sein mag wie Jan Hus oder der Nationalheldenheilige Wenzel.

Das Volk hat das immer viel praktischer gesehen. Die Volksfrömmigkeit hat aus jeder Assoziation zu dem kleinen Heiligen – er galt als extrem kurzwüchsig – aus dem tschechischen Pomuk ein besonderes Patronat gemacht. Da ist der Sturz in die Moldau: Allein in Südböhmen hat man an

Brücken und Dämmen, an Bächen und Teichen 170 Nepomuk-Statuen gezählt. Schiffer und Flößer rufen ihn an (er hat in deren Gunst sogar den alten Wasserheiligen St. Nikolaus verdrängt), er ist der große Wassergeist schlechthin geworden, hilft gegen Flut genauso wie gegen Dürre. Und weil er sowieso immer am Wege steht, wurde er gleich der Schutzherr der Reisenden und Kaufleute und der Menschen auf ihrem letzten Gang, der Sterbenden. Einst groß in der Gunst des Adels, hilft Nepomuk gegen Verarmung und Ausplünderung. Der (in Padua) Rechtsgelehrte hat Advokaten und Anwälte zu Schützlingen, besonders aber jene, denen Unrecht vor den Schranken der Justiz oder sonst im Leben geschieht, am meisten aber jene, denen die Ehre abgeschnitten wurde. Eine Legende sagt, man habe dem Nepomuk in der Folter die Zunge herausgeschnitten; die andere sagt, bei einer Exhumierung des im Prager Veitsdom prächtig Beigesetzten sei die Zunge unverwest vorgefunden worden. Grund genug, ihm den Schutz vor Lästermäulern und übler Nachrede anzuvertrauen. Der legendäre Schweiger hilft allen, die sich sprachlich nicht recht auszudrücken wissen, was sich im Laufe der Zeit aufs ganze einfache Volk übertrug – ein Patron für alle einfachen Leute. Zu guter Letzt schenkt sein Schweigen selbst Stotterern und Stummen einen beredtsamen Anwalt im Himmel.

Merkwürdig bleibt die Doppelpsychologie des gefinkelten Kirchenbürokraten als Volkspatron. Vielleicht steckt einiges davon in der oftmals aufreizend verzückten Haltung seiner Figuren, in denen er die Festigkeit der Brücken hütet und die Gewalt des Wassers bannt: Der schmachtende Blick der überwiegend barocken Skulpturen übertrifft die Innigkeit anderer frommer Gestalten um Vielfaches. Vielleicht, so mutmaßt ein Ehepaar, das das winzige Beet vor einer Nepomuk-Statue nächst dem Moldau-Stausee oberhalb Prags versorgt, vielleicht sei der Jan Nepomuk der wahre Patron der Tschechen: Ein doppelbödiger Geselle, durchaus verläßlich, aber nie bereit, sein wahres Wesen zu offenbaren. Gleichsam der Schwejk in der Allerheiligenlitanei. So wird der eigentlich auf seine Muttersprache gemünzte tiefe Seufzer des tschechischen Kulturpatrioten Karel Havlíček Borovský durchaus doppeldeutig: »Oh Nepomuk, Gott bewahre uns wie Dich davor, daß uns im Grab die Zunge verfault.« Nicht weit von diesem Platz, ebenfalls am Orliker Moldau-Stausee steht die angeblich kunsthistorisch wertvollste Nepomuk-Skulptur nahe am Wasser neben der Straße – schönes Symbol des eigenen Zwiespalts: Denn diese Straße führt nach Zdakov, einem Dorf, das schon lange in den Fluten versunken ist.

Rainer Maria Rilke belustigte sich über den landweiten Aufmarsch. Im Gedicht »Heilige« spottete er:

> Und auf allen Brücken spucken
> lauter lauter Nepomuken.

Auf der Karlsbrücke reiben sie alle den Handballen an dem armen Kerl, wie er da auf einem bronzenen Relief zu Wasser gestürzt wird. Das bringe

Glück, wissen die Wissenden, mache reich und standhaft. Ihm selbst hat das selbst in neuester Zeit nicht viel genützt. Nahe Budweis in Südböhmen gibt es ein Schloß mit einer riesigen Scheune in der alten Ökonomie. Dort hatten die Kommunisten ein Konzentrationslager besonderer Art eingerichtet: Zu Hunderten drängten sich dort steinerne Heilige, die überwältigende Mehrheit Nepomuken. Meist kopflos übrigens, denn bevor man sie von den Brücken und Simsen geholt hatte, entlud sich an dem vermeintlichen »klerikalen Plunder« noch oft echter oder aus Opportunität vorgespielter Volkszorn.

Vorgespielt? Auch der heilige Nepomuk – kopflos – hat nicht verhindern können, daß Böhmen ein ziemlich gottloses Areal geworden ist, eine Gemarkung, in der die Kirchen wie Reihenhäuser beinanderstehen, in der aber Kirchenfrömmigkeit beinahe unbekannt ist, heute. Der Heilige selbst scheint die Schuldigen dafür zu kennen. So haben sie denn das große Fest gefeiert, haben den sechshundertsten Todestag des heiligen Johannes aus Pomuk begangen. 55 Kardinäle und Erzbischöfe waren herbeigeeilt, jemand verlas eine päpstliche Bulle. Die Meteorologen meldeten den schönsten, den strahlendsten, den goldensten Frühsommertag in ganz Böhmen und Mähren. Nur direkt über der Festgemeinde entlud sich ein Gewitter von alttestamentarischer Wucht, dreieinhalb Stunden regnete es in Strömen – genau so lange, wie die Feierlichkeit zu dauern beliebte. Soweit der Kommentar des Nepomuk, des großen Wasserheiligen.

Verkehrserziehung?

Von den Prager ABC-Schützen konnte man lernen, was ein erfrischend selbstbewußter Umgang mit den Verkehrsmitteln ist. Ein hiesiges Schuldkind, das auf sich hielt in den ersten Jahren nach der sanften Revolution, nahm nicht jede Straßenbahn. Tram ist nicht Tram. Jene normalen in dumpfem Rot und Beige wurden genüßlich verachtet und beim Heimweg von der Schule, wo ein bißchen mehr Zeit ist, einfach fahrengelassen, so wie auch die im finsteren Blau einer britischen Fluggesellschaft, vor der man sich ein bißchen fürchtet. Mit Hallo stürmen sie aber die farbenfrohe Benetton-Bahn, noch beliebter ist die bunte, bunte Smarties-Tram und das Nonplusultra, für das man schon ein wenig länger wartet, ist der Zug der Kamele, jenes im Design einer bekannten Zigarettenfirma gehaltene Gespann. Nach Jahrzehnten des allüberall gleichgeschneiderten Einheitskleides des Staatssozialismus kommt den Kindern die neue Reklamewelt just im Verkehrswesen gerade gelegen, gelegener jedenfalls als den tschechischen Intellektuellen, denen es nicht erspart bleibt, an der dicken neuen Farbschicht zu kratzen. Der Schriftsteller Ludvik Vaculík etwa, vor dessen wortmächtigen Glossen keine Zeiterscheinung sicher ist, murrte vernehmlich: »Ich stehe an der Straßenbahnhaltestelle und warte auf meine Siebzehn. Da kommt sie schon, doch ich erkenne sie nicht, sie schaut aus wie eine Hure:

Sie hat sich des Stadtwappens und der städtischen Farben Gelb und Rot entledigt und kommt aufgetakelt im gelben Dreß der Firma Camel daher. Und die zweite Bahn aus der Gegenrichtung hat das Gewand der Marke Marlboro übergestreift. Huren wollen nach Europa, und sie gehen mit jedem mit.«

Alle beide, Kinder und Kritiker, sind mit ihren Betrachtungen über die Straßenbahn in Wahrheit hinter dem Mond. Geht es nach der Gesellschaft der neuen Reichen und Neureichen, der Fortschrittlichen und Dynamischen, dann ist das Auto die Zukunft. Während man anderwärts im Individualverkehr einen alten Drachen, mehr und mehr einen Welten- oder wenigstens Luftverderber zu erkennen glaubt, halten sie in Prag trotzig dagegen: halten vielmehr die Straßenbahnen für gefährliche Reptilien aus grauer Vorzeit. Und ihre Benutzer hält man für Ungeziefer, das man jagen sollte, wo immer es sich auf die Straße wagt. Mit dem Dauerfeuer von Hupen und Hörnern fegt die Automeute durch die engen Schneisen der alten Stadt, hindurch zwischen Bürgersteigen und Haltestelleninseln, gibt noch Gas, um das zur Tram eilende Gewimmel zu scheuchen, um schließlich die Langsamen und Unachtsamen mit Drohgebärden und dem berühmten Fingerzeig ans Hirn zu demütigen oder endgültig mit Schmutzwasserfontänen aus öligen Pfützen zu strafen. Wer überhaupt heute noch darauf besteht, seine Gliedmaßen zur Fortbewegung zu nutzen, setzt sich dem Verdacht der Narretei, übermäßiger Armut, ökologischer Gesinnung oder einer anderen Spielart von offensichtlicher Unzurechnungsfähigkeit und Weltferne aus. Der Fußgänger, wiewohl die überwältigende Mehrheit der Prager Bevölkerung repräsentierend, ist eine nichtswürdige Kreatur geworden, ist kaum geduldet im Lande.

Den Zebrastreifen hält man folgerichtig für folkloristische Dekoration: Mit der Regelung des Verkehrs hat er erfahrungsgemäß nichts zu tun. Die Idee, das aus kommunistischen Zeiten überkommene abenteuerlich hohe Limit von sechzig Stundenkilometern innerhalb der Ortschaften zu senken, kam einer Majestätsbeleidigung gleich, einer Lästerung am neuen Abgott Auto. Eine neue Straßenverkehrsordnung, die so etwas vorsehen sollte, wollte man zunächst nicht einmal diskutieren. Es brauchte sieben Jahre, um eine mäßige Reform der Dschungelgesetze auf Böhmens und seiner Hauptstadt Straßen zu beschließen. Durchgesetzt ist sie noch lange nicht.

Nach dem Zerfall der ČSFR stand schon an der Wiege der jungen Tschechischen Republik auf merkwürdige Weise der Geist des Kraftwagens Pate: In der Neujahrsnacht 1993 waren es nicht Glocken und nicht Feuerwerke, die die neue Staatlichkeit der Tschechischen Republik einläuteten, sondern wie von Geisterhand gezündet, jaulten im Sylvestertrubel Hunderttausende Autoalarmanlagen los und übertönten alles. Tschechische Autofahrer wissen also, was Freiheit bedeutet. Schon im alten Ostblock die höchstmotorisierte sozialistische Gesellschaft überhaupt, können sie seit der Revolution so richtig loslegen.

Da sich die Polizei damit begnügt, mit ihren zahlreichen Radarfallen Touristen und andere Ausländer zu schröpfen, können die tschechischen Lenkradartisten endlich die vielgeliebten Ralleys und Rennen, bei denen sie seit je eine herausragende Rolle spielen, in den Alltag verlegen. Zwar benimmt sich eine relative Mehrheit der immer noch mit dem guten alten, robusten und genügsamen einheimischen Skoda oder dem unerschöpflichen Sammelsurium betagter Westtypen ausgerüsteten Normallenker ziemlich zivilisiert – aber das liegt allein am Geld, denn mit nur einer Füllung verschluckt der Tank ein Siebtel eines durchschnittlichen Monatsgehalts. Da schaut man sich die Ralley Paris-Dakar lieber doch im Fernsehen an, statt sie auf den heimischen Straßen mitzufahren, auch wenn dabei die mährischen LIAS-Laster, die Tatra-Limousinen und vielerlei tschechische Geländevehikel die Wüste in forderster Front durchpflügen.

Der Stolz einer Nation der Ingenieure, die in der Zwischenkriegszeit in fünf Autowerken weltweit modernste Wagen produzierten, ist heute irgendwie verspätet aus dem Dornröschenschlaf erwacht. Etwa der Tatra: Die Vorläufer dieser luxuriösen gigantischen Limousine wiesen bereits in den dreißiger Jahren technische Finessen auf, wie die der Windschlüpfrigkeit wegen verkleidete Bodengruppe, die heute bei Luxuswagen als Neuestes und Bestes gelten darf. Ein Chauffeur des Außenministeriums – das Dienstauto des Ministers ist ein azurblauer einheimischer Tatra der Ausstattungsvariante »Diplomat« mit Konferenz-

Sitzanordnung – der Chauffeur also lacht bei seiner Bemerkung: »Die Tatra-Leute haben das Dinofieber im Westen verpennt, sonst hätten sie schöne Geschäfte machen können, mit diesem letzten Dinosaurier unter Europas Personenwagen.« Wahrhaftig ein Urgetüm, mit dem Kofferraum in der Schnauze und einem bulligen, anheimelnd dumpf brabbelnden luftgekühlten Achtzylinder-V-Motor im Heck, ja im Heck. Ein Grundprinzip, das den legendären Volkswagen Käfer zum erfolgreichsten Automodell der Welt machte. Es stammt – kein Wunder – aus Böhmen: Schon 1929 wurde es in Mlada Boleslav (Jungbunzlau) konstruiert, wo man heute die neuerdings wieder so erfolgreichen Skoda-Pkw neuester Konstruktion baut. Daß Skoda heute eine Tochter des Käfer-Konzerns ist, schließt den Kreis auf merkwürdige Weise.

Die mächtigen Tatra-Limousinen gehören erst seit kurzem wieder in die Abteilung tschechischen Ingenieurstolzes. Denn als schwarze rollende Trutzburgen mit verhängten Fenstern und Nummernschildern, die mit zwei großen A begannen, waren sie Jahrzehnte Symbol für Allgewalt, Privilegien und Herrschaftsdünkel der kommunistischen Nomenklatura. Als Präsident Václav Havel direkt nach der sanften Revolution einen vom Münchner Werk geschickt lancierten weißen BMW als Staatskarosse bestieg, feierte dies das Volk als das symbolhafte Ende der kommunistischen Autosaurier. Erst später besann man sich zurück auf das Motto, »Tschechen kauft tschechische Waren«, und so hat jetzt jeder Prager

Minister seinen Tatra, aber selbst der Industrie- und Handelsminister, der um die Prosperität der einheimischen Wirtschaft besonders besorgt sein müßte, gesteht beiläufig, daß neben dem monströsen alten Saurier in der Garage noch so ein Luxusding aus München – oder vielleicht aus Stuttgart – steht.

Nomenklatura? Keine andere Institution in der Republik steht so im Ruch mangelnder Widerstandskraft gegenüber materiellen Anfechtungen wie die Verwaltung der Stadt Prag. Und hier in der Hauptstadtbürokratie hatte man es schon immer irgendwie mit den Autos, wobei die gewählten Stadtparlamentarier mit schlechtem Beispiel vorangehen. Als der Gemeinderat am Ende eines Jahres erstaunt im Stadtsäckel einiges an übriggebliebenen Kronen vorfand, wurde in der Stadtverordnetenversammlung doch allen Ernstes darüber diskutiert, ob denn nicht der schöne Überschuß am besten mit einem Neuwagen für jeden einzelnen Stadtrat auszugeben sei. Einige Wortführer konnten ihrer Vorliebe für die guten Sterne aus dem Schwabenland kaum Zügel anlegen. Nur das Aufheulen der Stimmbürger verhinderte, daß dieses Ansinnen zu einer offiziellen Vorlage gedieh.

Vielleicht hätte man mit dieser Anschaffung die »Würde der Hauptstadt Prag« zu wahren geholfen, die man zu oft bedroht sieht, und die man auch anderweitig wacker zu verteidigen weiß. So brütete man unter Führung des Primators, wie der Oberbürgermeister hier heißt, eine Verordnung aus, die allen Taxiunternehmen der

Stadt einen einzigen und einheitlichen Autotyp vorschreiben sollte. Man stellte auch eine Liste der in Frage kommenden Gefährte auf, lauter putzige Karossen aus dem Westen, die bezeichnenderweise das gängige heimische Produkt, den damals noch von Skoda als Haupttyp fabrizierten, aber dummerweise noch von den Kommunisten konstruierten Favorit aus Mlada Boleslav, ausschloß: Die Würde der Hauptstadt Prag verlange es, daß Personendroschken über mindestens 1600 Kubikzentimeter Hubraum verfügten, hieß die griffige Faustregel. Das redliche, preiswerte Gefährt der eigenen Ingenieure und Autowerker, heute noch etwa dreißig Prozent der Taxis, läge also unter der Würde von Magistrat und Rathaus. Das Volk rätselte, was wohl die Gegenleistungsbereitschaft der internationalen Autoindustrie dazu beigetragen habe, daß die Prager Taxler zu sinnlosen, vielfach ruinösen Sonderinvestitionen genötigt werden sollten? Beherzte Juristen setzten der babylonischen Gleichmacheridee – in der tschechischen Hauptstadt sind etwa sechstausend Taxis gemeldet – ein Ende. Die sonderbare Droschkenkonvention tauchte noch mehrere Male aus den Muffregalen der Stadtadministration auf, liegt indessen aber völlig ad acta. Heute wäre sie freilich wirtschaftlich nicht mehr so brisant, weil die heimischen Skoda-Werke indessen recht respektable Limousinen bieten, die der Würde Prags nicht mehr am Lack kratzen.

Dieselben Politiker und Beamten hatten mit spektakulären Polizeiaktionen der Säuberung des

Zentrums von betrügerischen, mafiosen Taxlergangs inszeniert, um offenbar hinterher den gleichen Syndikaten, die sogar einen Mord an einem aufmüpfigen Kollegen auf dem Gewissen haben, das Feld doch kampflos zu überlassen. Etwas Gutes hatte diese absurde Typendiskussion dennoch. Eine der beiden Droschkeninnungen hatte sich dazu entschlossen, einen speziellen Autotyp zum Inbegriff der Ehrlichkeit zu machen: Wer mit einem Volkswagen Vento Gäste kutschiere, bei dem könne man sicher sein, nicht einem der aggressiv-unverschämten »wilden« oder jenen betrügerischen, wenn auch lizensierten Droschkenlenkern aufzusitzen. Letztere werfen schon mal einen Fahrgast wieder aus dem Auto, der den unverhofften Räubersold nicht widerspruchslos hinzulegen gedenkt. In wenigen Fällen wurden sogar »elektrische Stühle« ruchbar, mit Kupferdrähten gespickte Beifahrersitze, um unbotmäßige Beifahrer per Stromschlag von der Korrektheit des Beförderungsentgelts zu überzeugen. Die Polizei sah sich außerstande, dagegen zu ermitteln: Ihre Befugnisse reichten nicht weit genug, hieß es kühn, verwehrten wegen des »Hausrechts« des Lenkers den Beamten den Zutritt zum Fahrzeug, um den elektrisierenden Tatbestand amtlich festzustellen. Noch heute weiß der Kenner, daß nur fahrende Taxis als vertrauenswürdig gelten können, daß jene an den Droschkenständen gewöhnlich harten Syndikaten zugehören, deren Mangel an Zimperlichkeit sich gleichermaßen gegen den Gast wie gegen den Konkurrenten wenden kann, die gnadenlos weggebissen werden. Daß der Prager Taxikrieg Mitte der Neunziger tatsächlich ein Todesopfer forderte, hatte darin seinen Ursprung: Eine Gang auf dem Wenzelsplatz prügelte einen Kollegen, der par tout hier mitverdienen wollte, so nachhaltig von der Szene, daß er an den Verletzungen starb.

Nichts verändert eine Stadt so schnell wie ihre Kleider. Der Wandel durch die neue Schminke für die alten Fassaden, die gelifteten Gesichter der Paläste geht allmählicher vonstatten. Fast über Nacht aber stülpt sich die Straßenatmosphäre um, wenn sich die Menschen plötzlich anders kleiden und in anderen Autos herumfahren. Irgendwann hatte sich die Stadt endgültig umgezogen, war die Uniformierung der blaßblauen sozialistischen Jeansmontur und der dick wattierten Plastikjacken im bescheidenen neuen Schick und der Verkleidungslust der Jungen aufgegangen. Genauso ist der Putto des Automobilismus, jene einst alles beherrschende pausbäckige Altversion des Skoda-Pkw von dem Neobarock der postmodernen westlichen Automobilschneiderei abgelöst worden. Die Ästhetik der Städte wird nun auch in Prag von den Unmassen der Blechkisten in ihren Mauern mitgeprägt. Und manchmal sind die Lenker der Verkehrsschlachten in den städtischen Häuserschluchten versucht, dem blechernen Lindwurm mehr Freiraum zuzubilligen als ihren Bürgern. So hat der schon beschriebene Magistrat schon öfter verdächtig offene Ohren für Pläne gezeigt, den berühmten Graben quer am Fuße des Wenzelsplatzes, Teil einer der lebhaftesten, angenehmsten und ältesten Fußgängerzonen Europas, wieder buchstäblich unter die Räder kommen zu lassen und wieder ganz dem Verkehr zu öffnen. Emsig baute man bauchige Tiefgaragen, deren strategisch geschickte Lage im Prager Zentrum das Verkehrschaos auf Jahrzehnte hinaus garantiert. Immerhin entschloß man sich inzwischen zu einem rigiden Programm zur Bewirtschaftung des Parkraumes, das wenigstens das Gros der Autos von Millionen Touristen außerhalb des Zentrums hält.

Noch werden die Fahrzeuge der absoluten Luxusklasse aus dem Westen nicht nur von den technikbegeisterten Buben offen bestaunt, und mancher redliche Bürger mit seinem bescheidenen Einkommen fragt sich im Stillen, wo die Landsleute wohl das Geld für die Jaguars und Alfas und Mercedes der S-Klasse herhaben mögen. Der Herr aus der Mercedes-Vertretung gebrauchte einst eine bemerkenswerte Formulierung: »Bei uns kaufen Gemüsehändler und Geldwechsler, aber auch anständige und ehrliche Leute.« Einer habe sich nach einem ganz großen Wagen erkundigt, sei zwei Stunden später wiedererschienen und habe die zwei Millionen Kronen (damals gut hunderttausend Mark) gebündelt auf den Tisch des Hauses geknallt, sei eingestiegen und davongefahren. Noch in den ersten vier Jahren nach der Wende war fast jeder zweite Käufer Barzahler, was mit dem Banksystem zu tun hatte – was aber auch die Vermutungen der Mitbürger kräftigte, daß in mancher teuren Limousine noch immer Korruption und Betrügereien des alten Regimes, der KP-Nomenklatura mitführen.

Was tut's in einer Stadt, die als mitteleuropäischer Schnittpunkt aller Typen von Mafia gilt, sei es der serbischen, russischen, georgischen, afghanischen, bulgarischen, armenischen, tschetschenischen – und natürlich der italienischen, der man einen Herrn Buontempo, einen Star der unteren Chefebene, aus einem Innenstadtlokal heraus verhaftet hat. Eine unerhörte Sache, denn nirgendwo sonst hatte zuvor die Chefetage dieses Gewerbe Reichtum und Stil nach eigener Machart so ungeniert vorführen können, und so unbehelligt. Wer könnte es sich sonst leisten, ganze Gesellschaften mit vier-, fünfhundert Gästen aus Reggio di Calabria oder sonstwo einfliegen zu lassen, um Hochzeit zu feiern? Zwischenzeitlich häuften sich die italienischen Prunkhochzeiten in Theyn-Kirche und Altstädter Rathaus nur so, neben ihrer Kopfzahl auch ihrer Prachtentfaltung wegen mehr als auffällig, nicht zuletzt wegen des Fuhrparks: Wann sonst könnte man Veteranen der Typen Tatra, BMW, Horch, Maybach und so fort so zahlreich und »in Echt« herumfahren sehen, wie sie sonst nur in den technischen Museen zu bewundern wären? Der Festzug der Feiernden wurde und wird zumeist von einem stadtbekannten blütenweißen Lincoln City Car angeführt, dem Brautfahrzeug, einer jener unendlich langgestreckten Protzlimousinen, wie man sie sonst nur aus schlechten TV-Serien kennt. Auch dieses Gefährt fristet ein typisch Pragerisches Doppelleben. Einer der Chefportiers eines Hotels am Wenzelsplatz, wo die gewaltige Droschke normalerweise stationiert ist, macht kein Hehl daraus, wozu die Karosse, wenn sie nicht gerade festtags die weiße Unschuld durch Prags Traumkulisse kutschiert, im Alltag dient. Eine Auskunft in kaum gewundener Diskretion: »Damit werden die Junggesellen zu einem Club gefahren, in dem man die Herren dahingehend präpariert, daß es mit dem Höhepunkt keine Probleme gibt. Wollen Sie die Preise wissen? Man rechnet nach Stunden ab.« Wie nützlich, daß das Auto so diskret getönte Scheiben hat.

Café Gaga

Nichts überfordert normale Menschen so sehr wie tiefe Dummheit. Da pachtet eine amerikanische Firma unter Führung einer Exilrussin eine historisch und emotional hochbefrachtete Örtlichkeit im Herzen der Stadt Prag, und nichts geschieht. Es war das Café Slavia, Mythos und nostalgischer Fluchtpunkt aller Gedanken, die um die tschechische Literatur in Prag kreisen. Nichts geschieht. Was haben sie vor, die Amerikaner, die Russen? CIA? Mafia? Solle es eine Galerie werden, ein Tanzhaus, ein Puff? Václav Havel, der schreibende Präsident der Republik, ermahnt schriftlich die ominöse Pächterin, es müsse Café sein und bleiben, weil dort das Herz ganzer literarischer Generationen wohne. Nach Jahren wissen die Prager endlich, warum nichts geschieht: Geldmangel, Fehlspekulation, Ahnungslosigkeit, Dummheit. Gerichte kassieren den ebenfalls aus Dummheit geborenen Pachtvertrag über 55 Jahre ohne Kündigungsklausel. Nichts geschieht. Verlustgefühle. Studenten, Literaten und aufkeimende Schickeria besetzen zwischendrin das Haus und öffnen es für einen Tag, manifestieren den festen Willen, an einem alten Traum festzuhalten.

»Jahre nach der Revolution geht's wohl nur noch ums Kaffeehaus«, höhnt ein mürrischer Gast, als er sich durch die vernebelte Rauch- und Ramschatmosphäre schiebt, zwischen zerfurchten grünen Marmortischchen und verzweifelt paffenden Intellektuellen hindurch. Umflort von der farbdekadenten Wasserleichenaura der Kugellampen, wie sie sonst nur altsozialistisches Neon zu verbreiten vermag, ist der Aphoristiker diesmal der einzige Miesepeter. In der Kavarna Slavia, in diesem Kaffeehaus von einzigartiger Prominenz in Prag, geht es um ein bißchen mehr als den früher ortsüblichen Rekord, den schlechtesten Kaffee der Stadt zu sieden und trotzdem alles anzulocken, was im Kunst- und Geistesleben Prags irgend eine Rolle zu spielen hatte. Nach Jahren mit geschlossenem Café rumort in der »Goldenen Stadt« der Aufruhr.

Am Mittwoch, dem 17. November, jährt sich die an Brutalität und Geschichtsträchtigkeit denkwürdige Prügelorgie der kommunistischen Staatssicherheitstruppen an protestierenden Studenten, die den demokratischen Umsturz in der ganzen Tschechoslowakei auslöste, und die hier, in der Prager Nationalstraße ihren Anfang nahm. Im Slavia gleich gegenüber dem Nationaltheater am Moldauufer hatte man damals einen Logenplatz auf den Exzeß staatlichen Terrors. Wenn nun bei der Besetzung nach toten Jahren wieder ein studentisches Komitee an der Spitze einer »Bewegung« steht, um das Slavia endlich wiederzubekommen (es sollte noch Jahre dauern), dann geht es nicht nur ums Kaffeehaus, sondern um ein kleines, kaum noch flackerndes Zeichen des Widerspruchs gegen den neuen Zeitgeist der Entwurzelung, gegen Kommerz und Ramsch, Entkernung und Entseelung. Ludvik Vaculík, der Verfasser des legendären Manifests der 2000

Worte im Prager Frühling des Jahres 1968, der auch heute im öffentlichen Disput eine Stimme hat wie kaum ein anderer in der Tschechischen Republik, verfaßte ein »Feuilleton«, wie man hier sagt, für die Seite eins der *Literarny noviny*, der Literatur-Zeitung: Wie notwendig es sei nach den Jahrzehnten der geistigen Dürre, sich nicht wieder Beheimatung stehlen zu lassen, schon gar nicht die physische, wenn im Zuge von Prosperität und Gewerbefreiheit Land und Stimmungen dem Raubbau anheimfielen, den Menschen die »Heimat« entzogen werde. Vaculík verwendete den Begriff »Heimat« (und argwöhnisch geschulten Geistern kriecht Nietzsches gefährlich wahre teutsche Warnung ins Gemüt: Weh' dem, der keine Heimat hat!).

Ans Slavia hat Vaculík dabei wohl gar nicht gedacht, es aber gemeint, meinen müssen. Nicht von Ungefähr sitzt er jetzt im Prominentenkomitee dieser Bürgerinitiative der Freunde des Slavia, die soeben ohne Alkohol, aber mit Gratiskaffee und entschlossenen wilden Debatten das Kaffehaus im Handstreich wiedereröffnet hat, um die Verantwortlichen zum Handeln zu zwingen. Wer ist verantwortlich? Ein asketischer Gerechter kreischt: »Alles Nomenklatura des Geldes, der Moden, der Spekulation!«

Vaculík hat zusammen mit Leuten wie Jan Trefůlka, dem großen Erzähler und Poeten aus Brünn, dem »alten« Feuilleton in der tschechischen Literatur wieder zu seiner Urbedeutung, zu der einer literarischen Kür der Sonderklasse verholfen, die für Tschechen, überhaupt für Slawen nicht gemeinhin den Kulturteil der Zeitung, sondern ein Genre des einzelnen intelligenten Stückes bezeichnet, ein extraordinäres Exemplar im Schnittpunkt von Glosse, Kommentar, Satire, Polemik, Philippika. Kurzprosa vom Besten. Das hat große Tradition in Prag (und der Mährisch-Schlesische Schriftstellerverband hat dem Streiflicht der *Süddeutschen Zeitung* unter dieser Maxime einmal seinen Europäischen Feuilletonpreis verliehen). Das Slavia war seit seiner Eröffnung im Jahr 1881 zeitweilig ein Ort der Urschöpfung solcher Stücke, ein Gefäß für den Ursumpf von Feuergeist und Melancholie, von Streitlust und Arglosigkeit, von Sprachartistik und suffgebremstem Lull und Lall. Das Kaffeehaus, von dem der Blick übers Wasser zum Hradschin wandert, zur Burg, dem Sitz des Präsidenten und nationaler Sinngebung, war also Heimat und Born ganzer literarischer Generationen oder solcher Existenzen, die gerne dazugehört hätten, oder wenigsten vom Nebentisch aus am Sukkus des Intellekts (und seiner qualmenden Ausdünstungen) teilzuhaben hofften. In den letzten Jahrzehnten des Totalitarismus naturgemäß Hort der Opposition (weil ein Hort des Geistes), aus Machthabersicht also des Aufruhrs, der Zersetzung und des Komplotts, war das Slavia dennoch als bequeme, konzentrierte, unfreiwillige Verhörstube vom Sicherheitsapparat gern geduldet: Umlagert von Fotospionen, verwanzt wie kaum ein anderer Raum Prags und belauert von dem aufsässigen Pack, das in der Maske des Obers das Publikum auszuhorchen hatte. Beiderlei Profession, Lauern und Bedienen, war immer von rüpelhafter Vergeblichkeit umkränzt.

Heimat ist eben nichts glattes. Heimat wie einst das Kleinseitner Café, in dem in der Zwischenkriegszeit die deutsche Emigration, der von den Nationalsozialisten aus Deutschland ausgetriebene Geist disputierte, schwadronierte und darüber trauerte, daß man den Verlust der Freiheit nur durch den der Heimat hatte verhindern können. Im Slavia, wo die Dinge eigentlich einfacher liegen, kam mit der Demokratie zunächst die Hygienepolizei, die den Laden kurzerhand als gesundheitsgefährdend schließen ließ. Kurz wiedereröffnet, kam dann das vorläufige Aus im Gefolge von Geld und großen Versprechungen: Vertreibung für eine ganze Kulturkaste. Václav Havel, früher selbst drangsalierter Oppositioneller, Slavia-Stammgast und als Kettenraucher für die dortige Atmosphäre gleich doppelt mitverantwortlich, nun längst Präsident der Republik und Briefschreiber, erklärte in einem Offenen Brief die Schließung des Kaffeehauses zum »kriminellen Angriff auf das geistige Leben Prags«. In der Tat, das Slavia hat mehr an sich als ein Kaffehaus, von denen es in Prag schönere gibt, kaum eine Stadt, nicht einmal das Wien des Karl Kraus oder Anton Kuh, kannte einen einzigen symbolischen Ort wie diesen für die Versammlung freiheitlichen Geistes. Nicht Hašek (Schwejk), nicht andere Helden der Literatur, die zuhauf hier saßen und schlürften, nicht Historie und Histörchen haben den Ort beflügelt, sondern das Hier und Jetzt. Und im immer stilisierteren, polierteren, homogenisierteren Prag ist das Hier und Jetzt ohne Slavia noch unbehauster, als es der dollar- und markbewußte Zeitgeist sowieso schon macht. Also sprach der Präsident, der Fall werde »ernsthaft die guten Beziehungen der Prager Intelligenzija zum Kapitalismus und zu den Vereinigten Staaten von Amerika beschädigen«.

Schmerzlich für die Prager, für die alles Gute zumeist immer noch aus amerikanischen Quellen fließt, wo auch nur der Hauch amerikanischen Einflusses oder Gestaltungswillens Verheißungscharakter hat. Hier hat wohl die Niedertracht slawischer Herkunft alles verdorben, munkeln die Tschechen, denen die Herrschaft der Russen, wie sie es sehen, die letzten vierzig Jahre verdorben hat: Die Amerikano-Russin Hanna N. Gorin, Chefin des getadelten Unternehmens, trat prompt in einen fruchtlosen Briefwechsel mit Präsident Havel ein. Kein Mensch begreift, warum eine angeblich versierte Firma jahrelang ein herausragendes Objekt an einem der lukrativsten Orte der Tourismusmetropole Prag brachliegen läßt. Die Legenden sind Legion, brachten letztlich aber nur das Rektorat der Akademie für die Darstellenden Künste in Verlegenheit, der dieses Haus nämlich gehört und die alles verbockt hat: Der spätklassizistische Palast des 19. Jahrhunderts wurde von dem nachrevolutionären Akademierektor blauäugig für schöne Sanierunsgversprechen der Firma Gorin überlassen, für lächerliches Geld und ohne Kündigungsklausel. Der schöne Glaube nach vier Jahrzehnten KP-Herschaft, das Wort eines jeden Kapitalisten sei schieres Gold und

Wahrheit zugleich, hat an der Moldau ein ramponiertes Denkmal. Der Ex-Akademiechef, Zdenek Urbanek heißt er, sagt, er schäme sich.

Protestversammlungen, Unterschriftenlisten. Das studentische Komitee der im gleichen Haus darüber residierenden Filmhochschule und der Fotografiefakultät treiben einen Kompagnon der Gorin-Firma in Prag auf, lassen sich das mit dem alten Mobiliar verstellte Café aufschließen, trotzen der Polizei, die auf Geheiß der in Boston alarmierten Chefin räumen will; der Prager Mittelsmann kann sein Hausrecht glaubhaft machen. Sponsoren liefern Kaffeebohnen, Mineralwasser, später auch Bier und Wein und guten Willen und werden auf allen Pressekonferenzen namentlich verlesen. Einer Idee des nahegelegenen Prager Goethe-Instituts folgend, liest der renommierte tschechische Emigrant Ota Filip aus seinem – damals – jüngsten Buch; es heißt »Café Slavia«. Die Bedienungen arbeiten umsonst, wie früher erscheinen Jazzmusiker. Zeitungen kommentieren den Fall seit Monaten als nationales Anliegen. Die Bürgerinitiative will mit sich reden lassen, wenn die Firma Gorin Termine nenne, bis wann das Haus, der Tempel des unsteten Prager Geistes wiedereröffnet werde. Der Akademische Senat der Filmhochschule aber will den Makel loswerden: Nächtens beschließt er, daß gekündigt wird, den Bostonern – und auch dem emsigen Studentenkollektiv, das den Laden nicht werde sachgemäß schmeißen können; alle müssen raus aus dem Slavia, um endlich wieder Leben in die Bude bringen zu können. Nichts geschieht.

Jahre, Jahre später ist das Café Slavia im Herzen Prags tatsächlich wiedereröffnet worden, ohne Amerikaner, ohne Russen. Am Eck der Nationalstraße zur Moldau ist endlich wieder Leben. Es glänzt. Grüner Marmor. Neu. Der Versuch, den gradlinigen Prunk des Art deco mit neuer Leuchttechnik und der Magie moderner Farben zu kombinieren, ist gelungen. Prags Handwerker vollführen ein weiteres Mal ihr schönstes Kunststück: edles Holz so aussehen zu lassen, als wäre es Plastik. Der Präsident, immer noch markanter Bestandteil des Slavia-Mythos, läßt eine überraschend dürre Grußbotschaft verlesen. Wäre gerne selber gekommen. Lungenentzündung.

Die einzigen Länder, in denen noch grüner Absinth destilliert und getrunken werden darf, sind Portugal und die Tschechische Republik. Man wird es wieder bekommen, im Café Slavia, jenes Gift, an dem sich die Literaten halb Europas um die Jahrhundertwende totgesoffen haben. Auch das Bild hängt wieder. »Absinth« heißt es, fünf mal vier Meter: Ein trüber Geistesmensch am Kaffeehaustischchen, auf dem ihm zugewandt seine Muse hockt, durchsichtig, grün schimmernd, unklar jedenfalls, ob Schnapsfahne oder Moldaunixe aus dem Fluß, der vor den Fenstern vorbeifließt. War verschwunden. Schien gestohlen. Jemandem hat das Gewissen geschlagen. Ohne die grünblasse Dame könnte der Geist des Hauses nie zurückkehren.

Ob mit ihr? Man bemüht sich: Die beiden Geschäftsführer sind wieder aufgetrieben und eingestellt worden, die das Café Slavia schon zu Kommunistens Zeiten und bis 1992 geführt haben, als man es schloß. Als es ein verdreckter, überteuerter, mürrischer Laden war. Als Ota Filips Roman »Café Slavia« gerade entstand und Rainer Kunzes bitteres Kapitel »Café Slavia« schon längst geschrieben war. Als sich Leute auszugucken suchten, an welchem Tischchen Hrabal seine erste Erzählung und Vanšura den »Launigen Sommer« geschrieben haben könnte. Als von Literatur nichts mehr, aber viel vom Druck des aufkeimenden Massentourismusses zu spüren war. Als tagtäglich vorgeführt wurde, wie man sich in Prag auch auf miserablen Dampf-Jazz versteht. Als man im kalten Licht einer herzlosen Renovierung aus den achtziger Jahren von den Fünfzigern träumte. In den Fünfzigern hatten manche von den Zwanzigern geträumt und in den Zwanzigern von den Achtzigern des Neunzehnten Jahrhunderts. Damals, nach seiner Eröffnung 1881, als das Slavia endlich die Kraft panslawistischen Geistes und originär tschechische Arroganz der in Prag immer noch beherrschenden deutschen Dekadenz und Arroganz entgegensetzen wollte. Der Name war auch Programm.

Der Glanz des Gewesenen, oder dessen, was man glaubte, daß hier gewesen sei, war im Slavia wohl immer eine Spur heller als das Hier und Jetzt. Vor und nach der sanften Revolution trieben deutsche Lehrer Abiturklassen durchs Slavia, um ihnen zu erklären, an welchem Tisch welche große deutschsprachige Literatur entstanden sei, was ja nicht stimmt, wie wir inzwischen gelernt haben.

Die neuen Betreiber, die in der tschechischen Hauptstadt auch respektable Speisehäuser unterhalten, sind klug genug, nichts vom alten Geiste zu beschwören. Eine neue Tradition werde man begründen. Man wird auch Sekt glasweise trinken können. Die billigste von zwanzig Kaffeesorten soll zum »Volkspreis« ausgeschenkt werden, etwa das Doppelte dessen, was er in der Vorstadt kostet. Ein Schaufensterbetrieb, sagen sie: Wer gesehen werden wolle, werde am Fenster sitzen, hinter den riesigen Scheiben zum Fluß und der Nationalstraße; wer sehen wolle, der werde »in die zweite Reihe zurücktreten«, an den Tischen in der Tiefe des Raumes die von hinten angucken, die von vorne durch die Fenster von den Passanten angeguckt werden wollen, so denkt sich das der Mann. Im Keller, im stimmungsvollen »Akademischen Klub«, sollen die Studenten sitzen. Viel Schaupublikum bei der Eröffnung. Ein nationales Ereignis, sogar die Handyträger haben die Rappelkiste vorübergehend ausgeknipst. Alte, denen man ansieht und die bestätigen, daß sie hier wirklich mal jung waren, ruckeln auf Bänken, suchen alte Rechte neu einzusitzen. Jemand sagt zwischendrin: »Ich bin stolz auf die tschechische Literatur.« Die schöngemachten Menschen der neuen Prager Geldklasse gucken sich um und kennen sich aus. Soviel Glas, soviel Neon, was wollen die Alten damit.

Tradition? Selbst im an unwirschem und abweisendem Personal gesegneten Prag wäre eine Bedienungsriege nicht mehr aufzutreiben, wie sie einst dem Café Slavia mit ausgesuchter Widerwärtigkeit eine besondere Atmosphäre verlieh. Wer will darüber trauern.

Der Papst kommt nur bis Königgrätz

Das Sendschreiben war von makabrer Erhabenheit: »Wir laden Sie herzlich ein zur Feier der Ausrottung des Geschlechts der Slavnikiden unter Schirmherrschaft des Präsidenten Václav Havel.« Nun weiß zum Glück so ziemlich jeder Tscheche aus der Schule, daß besagtes Massaker tausend Jahre zurückliegt und schwerlich dem heutigen Staatsoberhaupt zur Last zu legen wäre. Die kleine ostböhmische Gemeinde Libice war denn doch enttäuscht, daß der Schirmherr nicht selbst zum Festakt erscheinen mochte, bedeutete doch das Gemetzel an den Slavnikiden ein nationales Jubiläum: den endgültigen Sieg der mordbrennenden Premisliden, jener Fürstenfamilie, die historisch die tschechische Identität verkörpert wie keine andere. Kaum hat der Präsident abgesagt, sah sich Libice schon wieder schmählich umgangen: Der Papst kam nur bis Königgrätz.

Dabei ist es ein Abkömmling eben jener Libicer Slavnikiden, der Johannes Paul II. so wichtig erschien, daß er schon zum dritten Mal seit dem Ende der kommunistischen Herrschaft ins Tschechenland kam, nach Prag und Hradec Králové (Königgrätz), der Diözesanhauptstadt Libices. Es ging um den tausendsten Todestag des heiligen Vojtech, den die Polen als heiligen Wojciech, die Ungarn als heiligen Bela – und die Katholiken deutscher Sprache als heiligen Adalbert verehren. Die UNESCO hatte daraus einen »Gedenktag der Weltkultur« gemacht. Adalbert sei, so sagten die Festredner, der erste tschechische Europäer gewesen und der erste Mensch von Bedeutung, der den Europagedanken in aller Konsequenz vertrat, ein Priester, Missionar und Politiker von revolutionärem Weitblick. »Tschechen fehlt heute Adalberts Europäertum«, sinniert Anastasius Opasek, Erzabt des Prager Klosters Brevnov, das Adalbert vor mehr als tausend Jahren gegründet hat.

Vojtech/Adalberts Einsatz für das christliche Mitteleuropa wurde ihm übel vergolten. Beim Versuch, die heidnischen Prutzen oder Preussen zu bekehren und mit hereinzunehmen in die sich formierende mitteleuropäische Kulturfamilie, massakrierten die ihn. Darin aber den Urbeginn der deutsch-tschechischen Friktionen bis in diese Tage zu sehen, wäre etwas zu einfach, denn die alten Prutzen waren durchaus Slawen, wenn auch von entfernterer Verwandtschaft, und mochten ihren Adalbert so wenig wie die Tschechen selbst: In Magdeburg erzogen, Bischof in Prag, aus Böhmen vertrieben, gründete der große Heilige und Begründer des christlichen Mitteleuropa die Bistümer Gnesen in Polen und Esztergom in Ungarn, zog sich mal nach Italien, mal nach Frankreich zurück, entwarf zusammen mit Kaiser Otto III. eine neue Weltordnung, die moderner war als das EU-Modell dieser Tage – und teilte, wie die Prager Zeitungen heute mitleidig schreiben, ein typisch tschechisches Emigrantenschicksal. Doch die Geschichte lehrt, daß Tschechen, namentlich Prager ihre Emigranten nie so recht schätzen gelernt haben.

So wenig, wie sie die katholische Kirche schätzen. Die hat Jan Hus, den großen Volkskulturrevolutionär verbrannt, das Land mit der Gegenreformation gesellschaftlich enthauptet und wirtschaftlich ausgebeutet, und aus tschechischer Sicht über die ausdrücklich »katholische« Habsburgische Majestät in Wien jahrhundertelang das Land als Kolonie gehalten. Vielleicht ist es das Gefühl, daß die in ihrer Mehrheit bis in die Knochen gottlosen Böhmen seiner Lehre besonders bedürften, was den Stellvertreter Christi so oft in ein Land treibt, das mit größtem Argwohn die Absichten solcher Visiten auslotet, penibel die Kosten seiner Auftritte nachrechnet und die heimische Kirchenhierarchie dafür verwünscht, daß sie ihren von den Kommunisten enteigneten Besitz zurückhaben will. Voll sind in Prag am Sonntag nur die Kirche des heiligen Jakob, weil da zur Messe so trefflich musiziert wird, und die angestammten Gotteshäuser der ausländischen Gemeinden. Prager Regierungen versuchen mit gelegentlichen Anwandlungen von Großmut ihren grundsätzlichen Unwillen zu kaschieren, dem katholischen Klerus über die Restitution alten Eigentums zu größerem Einfluß zu verhelfen. Gleichsam als Begrüßungsgeschenk hat sie direkt vor des Papstes Einschweben dennoch zu einer großen Geste gefunden: Nach jahrelanger Streiterei wurde der Diözese die romanische St.-Georgs-Basilika als ihr Eigen zuerkannt, die älteste Kirche Prags und das zweite Gotteshaus im Areal der Burg auf dem Hradschin, das von den Kommunisten wohlweislich in ein Museum verwandelte Urheiligtum der

Stadt und kunsthistorisch noch bedeutsamer als der direkt benachbarte gotische Veitsdom.

Im selben Augenblick hat das Kulturministerium die Volksseele mit ihrer Absicht zum Sieden gebracht, das mährische Schloß Bouzov Ordensleuten zurückzugeben. Von einer romanischen Burg im 19. Jahrhundert zur neugotischen Laubsägearbeit umgestaltet, wurde es zum Schauplatz der meisten tschechischen Mantel-und-Degen-Historienschinken und zu einer Art Nationalheiligtum mit Tausenden Besuchern. Wiederbekommen soll das ausgerechnet der »Orden der Brüder zum Haus der Frau Maria«, eine obskure Kongregation mit in aller Welt kaum so vielen Mitgliedern, daß sie in Bouzov auch nur Pforte und Hausmeisterei besetzen könnten. Schlimmer noch: Wiewohl Tschechen sehen sich die Brüder als Nachfolger des Deutschritterordens, dem die Burg einst gehörte, womit schon wieder irgendwie diese Deutschen die Finger in der Sache haben, denen man ungefähr so weit über den Weg traut wie dem Papst, der Kirche oder den Emigranten.

Die Polen machten in Gnesen (Gnieszno) für »ihren« Adalbert eine pompöse europäische Feier. Für eine ganze Woche kam auch der Papst, der sowieso den Polen gehört, was sie bei den Pragern in den Ruf grundsätzlicher Unzurechnungsfähigkeit bringt. Dazu versammelte das polnische Staatsoberhaupt die Präsidenten Litauens, der Slowakei, Ungarns und der Bundesrepublik Deutschland. Der tschechische Präsident Havel wollte nicht dabei sein. Er habe den Papst ja schon in Prag gesehen, ließ seine Kanzlei kleinmütig verlauten. Ungarn hatte schon zuvor zu Beginn der Milleniumsfeiern das Kirchenfest zu einer Demonstration der eigenen Rolle als Kern europäischer Kultur umzumünzen verstanden – und den Anspruch auf die Integration in Europäische Union und NATO gleichsam als Gebot »ihres« alten Kirchenlehrers und Europapolitikers Bela geheiligt. Den Tschechen aber, deren Nation Vojtech nun wirklich angehört, sagt er nichts. *Respekt*, die wichtigste Wochenzeitung der Republik, konstatierte »völliges Desinteresse«. Die Polen, meint der Essayist, hätten Adalbert zum Symbol ihrer angestammten Mitgliedschaft im europäischen Club gemacht, die Deutschen ihn als Beleg genommen, daß der »deutsche Drang nach Osten« den betroffenen Völkern nicht nur Kriege, sondern auch epochemachende Kulturimpulse gebracht habe. Und die Tschechen? Immerhin sei es doch »ihr« Vojtech gewesen, der dafür sorgte, daß alle Völker zwischen Baltischem Meer und Donau in den europäischen Kulturkreis eintraten. Warum machten die tschechische Gesellschaft und der Staat nichts eigenes, um »unser Selbstwertgefühl mit dem Beweis zu stärken, daß wir zu Europa gehören«. Die Idee, Václav Havels Leitgedanken von der »Rückkehr nach Europa« einer kulturgeschichtlich strahlenden Gestalt tschechischer Provenienz anzuheften, mochte niemand fassen. Die Prager Journalistin Renáta Hanusová, die sich intensiv mit der nationalen Psychologie befaßt, sieht dahinter tiefere Gründe: »Die Tschechen haben noch nicht begriffen, daß sie ihre eigene Identität begreifen müssen.«

Adalbert war ein strenger Herr und asketischer Geist. Vertrieben wurde er damals hauptsächlich deshalb, weil er den Leuten so normale Gepflogenheiten wie Sklaverei und Vielweiberei austreiben wollte. Daß seine Reliquien im Prager Veitsdom ruhen, ist auch nicht eben ehrsam: Die Premisliden überfielen Gnesen und stahlen dort Adalberts Leichnam, während der polnische König dessen sterbliche Überreste den Prutzen immerhin ordentlich abgekauft hatte.

Der Papst kommt auch, um einen anderen, aktuelleren Diebstahl gut zu machen. Die Tschechen hätten zwar lieber die kirchenoffizielle Rehabilitation des Jan Hus gehabt, die Römische Kurie wollte aber mit dem offiziellen Akt bis zum »Jesus-Jubiliäums-Jahr« 2000 warten. (Mit Hus wird auch Giordano Bruno rehabilitiert werden, ein anderer im kirchlichen Straffeuer verglühter Feuergeist.) Statt dessen wußte Johannes Paul II. eine Übeltat der Deutschen zu bereinigen: In den letzten Tagen der Okkupation von 1939 bis 1945 haben NS-Besatzer die päpstliche Bulle gestohlen, in der die Gründung der Prager Karlsuniversität verkündet wurde, eine zweite und nicht weniger wichtige Urkunde neben der des Gründers und Namensgebers Karls IV. Das Dokument ist seither verschwunden. Der Pontifex maximus hat eine getreue Kopie anfertigen lassen, eigenhändig unterfertigt und mitgebracht und so die Gründung neu bestätigt – und damit dem leidigen Patriotenstreit die Spitze genommen, ob diese legendäre Stätte europäischer Lehre und Forschung, des Streites und der Unduldsamkeit eigentlich eine tschechische oder eine deutsche Institution gewesen sei: eine Lateinische eben, so das kuriale Fazit. Ein Streit übrigens, der dem heiligen Adalbert zutiefst fremd gewesen wäre.

Auch einen neuen Rock hat man dem Heiligen zu seinem Märtyrerjubiläum gegönnt. Aus purem Gold. Adalbert steht in vollem Bischofsornat oben auf der Spitze des zierlichen barocken Kirchleins Svatý Vojtech gleich hinter dem Masaryk-Kai und dreht sich dort im Wind als seine eigene Wetterfahne. Beizeiten vor dem Fest haben sie den Turm erklommen und dem Jubilar neuen Glanz verliehen. Man hat es gut mit ihm gemeint und ihn leider auch geölt. Das Quartier hinter der Moldauzeile hört jetzt nicht mehr, wenn sich Wind und Wetter ändern – denn zuvor hat der wendige Patron bei jeder Drehung schauerlich gequietscht. Heute, so scheint es, hört einfach niemand mehr auf europäische Heilige.

Der bleiche Triumph des Schweinsbratens

In einem ordentlichen Märchen steht das Haus der Hexe oder der Fee – wo ist da der Unterschied? – weit hinter dem Dorf am Waldrand. Hühner scharren, der Bauerngarten blüht betörend, ein Hund schlägt an. Niemand öffnet, wir treten in die Küchenstube, die noch ein bißchen wärmer ist als der gleißende Sommer draußen, denn in der Mitte strahlt ein großer grüner Sesselkachelofen, ein Heizherd mit vielen Backrohren und Fächern, das schönste und dienlichste, was Ofensetzer, Hafner und Köchinnen gemeinsam ersonnen haben. Und wie im richtigen Märchen summt auf der Platte der Topf mit Suppe, bäckt im Rohr der Auflauf, als würden Gäste erwartet, obwohl sich niemand angesagt hat. Vlasta Šťastná, die Hüterin des Herdes, läßt auch beherzte Gegenwehr des Besuchs nicht gelten, also tüchtig zugelangt: die Suppe mit Speck, Graupen, Pfifferlingen, Paprika und grünen Kräutern; der Auflauf mit Steinpilzen, Rotkappen und – »zum würzen« – Reizkern, mit Ei, ein wenig Selleriegrün aus dem Garten und Kräutern aus dem Wald. Hinterher Kolatschen: dünn und knusprig und obenauf viel Heidelbeeren, Brombeeren, oder Johannes- und Stachelbeeren, und Sträußel natürlich. Den Kostproben-Schreibern wären die Superlative ausgegangen.

Den Gast aus Prag aber, der einem Trüffelschwein gleich durch tschechische Küchen schnüffelt, erfaßt Melancholie: Muß man wirklich bis in die Gebirge Nordmährens vordringen, um noch etwas von dem zu kosten, was einmal die weltberühmte böhmische Küche gewesen ist? Die Mährer sind konservativer und katholischer und sinnlicher als die Böhmen. Vielleicht daher mehr Widerstandskraft gegenüber dem Vernichtungsfeldzug, den die sozialistisch formierte Konsumgesellschaft gegen die traditionelle Küche geführt und unverfroren als neuen Wohlstand ausgegeben hatte.

Vlasta Štastnás Feenküche liegt im Altvatergebirge, nicht weit davon, im schon böhmischen Rychnov (Reichenau), schrieb Magdalena Dobromila Rettigova im frühen 19. Jahrhundert ihr erstes Rezept nieder, das der »Spanischen Vögel«, die – wie die »Mährischen Spatzen« oder die »Gebirgler Rebhühner« – kein Federvieh sind, sondern besonders würzige in Rahm gedünstete Krautrouladen. Frau Rettigova hatte es mit dem Schmalz: Ihre Naturschilderungen, ihr süßlicher Lobpreis des Kuckucks, all ihre verzückte Erstlingsliteratur blieb unbedankt; als sie aber Schmalz, Rahm und Butterfett konkret in Töpfen und Tiegeln anging und hinterher die Ergebnisse als Rezepte niederschrieb, wurde daraus die Kochbibel der k. u. k. Monarchie. Ihre Bücher, tschechisch und deutsch, erreichten Hunderttausender-Auflagen. Die Rezepte, die sklavische Kalorienzählerei verachten und von den souveränen Gesten einer routinierten Köchin leben, haben sie zur Schutzpatronin der böhmischen Küche und letztere zur Weltberühmtheit gemacht – die allerdings in dieser Vielfalt wohl nie so verbreitet war, wie Frau Rettigovas Bücher glauben machen könnten. Böhmens Köchinnen brachten sie in der Reichshauptstadt Wien und nicht zu Hause zur üppigsten Blüte.

Die Heiligenverehrung ist heute zur Lästerung geworden. Die Rettigova würde verstört durch Prag und andere Städte der Tschechischen Republik stolpern: Englisches Beefsteak, Krabbenkoktail, Hummersuppe, paniertes Schnitzel. Hier läßt sich studieren, wie sogenannte Internationale Küche zur Ödnis, zur Abfallkultur verkommen kann. Überall die selbe enervierende Litanei auf den Speisekarten. Böhmisches? Allenfalls die Zwiebelsuppe und – natürlich – Schweinsbraten und Svickovǎ, den gespickten Rindsfiletbraten, eigentlich eine Köstlichkeit, aber bald ziemlich reizlos, wenn allüberall zu haben und immer gleich schmeckend. Prags Gastronomie glotzt in einer übervollen Stadt ins Leere: Millionen Besucher wälzen sich durch die malerischen Gassen, in den unzähligen, verlassenen Lokalen aber döst gelangweiltes Personal. Touristen lernen schnell, das öde Konfektionsfutter gleich im Original und dort einzunehmen, wo man sich auf Junk Food spezialisiert hat. McDonalds und vergleichbare Fettküchen sowie Hot-Dog-Buden stellen die wirklich florierende Gastronomie. Sie haben sogar die *Bramborák*-Bratereien verdrängt, finstere Fensterhöhlen, aus denen mächtige Frauenspersonen im weißen Kittel duftende, würzige Reiberdatschi (Kartoffelpuffer) reichten, fett und wohlschmeckend, den böhmisch-mährischen Straßen-Imbiß schlechthin.

Nicht weit vom berühmten Pulverturm plötzlich ein Tempel der seligen Rettigova, ein Gasthaus mit ihrem Namen. Tatsächlich mehr Einheimisches als üblich auf der Karte, die nach der Meisterin benannten Röllchen munden prächtig, aber dann gehts sogar hier ziemlich schnell bergab. Selbst die *livance*, die Livanzen, diese leichteste aller Köstlichkeiten, sind zwar frisch, aber verfettet. Daß nicht einmal ein der Meisterin geweihter Ort ihre Ansprüche wirklich ernst nimmt? (Sie selbst würde sich die Frevler im Butterfett herausbacken und an die Hechte in Böhmens Teichen verfüttern.) Was hat die – auch sonst gottlosen – Böhmen, die doch so gerne tafeln und Feste feiern, sogar in der Küche vom Glauben abfallen lassen?

Vendulka Čermakova, die aus einer Prager Arbeiterfamilie stammt und die man für ihre Kolatschen, Liwanzen und Buchteln preist, schreibt das der Umerziehung der vierzig KP-Jahre zu. Zu KP-Zeiten waren mehr als neunzig Prozent der Frauen berufstätig, so erstarb das häusliche Kochen, reduzierte sich auf Wochenenden oder die Sommerferien im Gartenhäuschen. Betriebe, Genossenschaften, Büros, allüberall speiste man die Werktätigen in Kantinen ab, Schulspeisung für die Kinder, Mensen für die Studenten. Den Frauen konnte es recht sein, denn noch immer ist es in tschechischen Haushalten ziemlich unüblich, daß die Männer irgendetwas in die Hand nehmen außer der Bierflasche. Für die Frauen blieben Belastungen genug, wer kann da noch althergebracht kochen, denn das ist arbeitsreich und zeitaufwendig. Mit dem Braten wird man noch fertig, aber eine Welt, die auf Mehl, Milch, Schweineschmalz, Butter, Hülsenfrüchte, viel Kraut und unendliche Varianten süßer und herzhafter Aufläufe, Strudel und Bäckereien gegründet ist, verlangt auch unendlich viel Mühe, Geduld und Zeit.

Bequemlichkeit bedeutet das Ende aller Künste. Allein die Dalken, Krapfen und Knödel, ob gefüllt oder mit Sauce, ob mit Gemüse, Schwammerln, Speck, Fleisch, mit Marmeladen, Kompotten, Obst, Cremes – immer viele Arbeitsgänge und Ruhezeiten, die eine langmütige Köchin verlangen und nicht die Hast von dreifach belasteten Heldinnnen der sozialistischen Arbeit.

Und natürlich die *knedliky*, die Knödel, für alle Welt der Urmythos böhmischen Speisens. Mit Vendulka Čermakova kommen wir endlich ausführlich auf die Knödel zu sprechen. Man aß noch in Vendulkas Jugend hauptsächlich nur Knödel mit Sauce. Dillsauce, Zwiebelsauce, Saucen mit Knoblauch, Tomaten, Pilzen oder Meeretttichsaucen, schön dick, mit Mehl. (Für Böhmen gilt genau das, was der große bayerische Intellektuelle, Feinschmecker und Vielfraß Walter von Cube sagte: »Bei den Alemannen hält der Spießbürger das Staatswesen zusammen wie die Mehlschwitze die deutsche Küche.«) Knödel auch zu Linsen, zu Erbsen oder Bohnen, und natürlich zu Kraut; zu Sauerkraut, Kümmelkraut, süßem Kraut. Fleisch nur sonntags. Kartoffelknödel, halb und halb, und meistens Semmelknödel. Daß »der« böhmische Knödel der Hefeknödel sei, hält Vendulka für reine Legende. Die waren immer die Ausnahme, die brauchen Geduld und Zeit, um zu gehen. Warum Lokale und Haushalte heute oft gerade nur diese zubereiten, verrät ein Blick in die Supermarktregale: Sackweise Instant-Knödel-Pulver, im Schnellgang angerührt und natürlich ohne Hefe mit Backpulver »aufgeblasen«. Ja, sogar der Knödel, das Leitmotiv böhmischer Küchenkunst, ist zum Abklatsch seiner selbst verkommen. Man wundert sich, daß man gelegentlich wenigsten noch echte Serviettenknödel auftischt, die als Wecken im Tuch über Dampf gegart werden.

Es gibt die Legende, Prag und Böhmen seien einmal das Paradies der Gastgärten gewesen. Die Gärten sind geschlossen worden, um dem Personal die weiten Wege zu ersparen, und der Küche ersparte man die arbeitsintensiven Gerichte. Aus der Speisenvielfalt wurde eine Fleischwüste: Der Sozialismus, erklärte man den Leuten, beschere täglich zweimal Fleisch, was am besten die Überlegenheit des Systems beweise und zudem das Gesündeste sei, was sich denken lasse. Fleisch und Eier als Ideale einer schmalen industrialisierten Agrargüterproduktion.

Verachtung für alles, was Arbeit macht: Gemüse, Salate, Aufläufe, Gebäck. Dafür in jeder Kneipe bis heute Dutzende Fleischgerichte, die, gebraten oder gebacken, mit der immer gleichen Garnierung dem Esser das unlösbare Rätsel aufgeben, worin sie sich unterscheiden könnten. (Positiv nur, daß die Portionen normal dimensioniert blieben.) Ausgestorben, was nicht präparierbar oder präfabrizierbar ist, die Konserve hat ein strenges Regiment in Böhmens Küchen errichtet, herrscht heute sogar noch in den besseren Lokalen, die sich wirklich um Tradition bemühen. Den einheimischen Mitesser wundert nicht, daß die Kräutersuppe mitten im Sommer nur getrocknetes und kein frisches Grün aufweist. Das sei wie eine Lebensauffassung: Hierzulande komme keiner mehr darauf, irgendetwas frisch zu verwenden. Sogar die Leute, die gerade in den Gärten ihre Sommerferien verbrächten, seien damit beschäftigt, das frische Gemüse einzuwecken. Gleich essen? Absurderweise ernährt sich manche Familie in Frühling und Frühsommer, wenn alles nur so sprießt, besonders intensiv aus Glas und Büchse, weil das schöne letztjährig Eingemachte nicht verkommen darf und man die Gefäße für die neue Ernte braucht. Das gleiche in den Lokalen: Während alles grünt, tischt man selbst in der – jüngst leider geschlossenen – »Heiligen Anna«, im »Schwarzen Adler«, sogar in der »Goldenen Birne«, der teuersten unter Prags wenigen wirklich böhmischen Lokalitäten, Dinge auf, deren Beigaben keineswegs nur frische Tagesware sind.

Prominentestes Opfer des Argwohns vor Frische und Mühe ist die *dršťkova,* die Kuttelflecksuppe, als Prager Frühstückssuppe das Zentrum des Vormittags, die man als zweiten Imbiß nimmt, wie in München die Weißwürste oder in Wien das kleine Gulasch. Diese hohe Köstlichkeit bedarf allerdings aufwendigster Zubereitung, einer Prozedur, die jeden Rationalisierungspapst schaudern läßt. Und frisch muß sie sein, ganz frisch. Die Touristen haben am Untergang dieses klassischen Gerichts Mitschuld, indem sie tiefen Abscheu allein schon bei dessen Empfehlung äußern, ohne es je gekostet zu haben.

Bersten die Märkte jetzt wirklich von Frischem? »Ich habe einen gefangen!« Triumphierend wirft die junge Ausländerin das Bündel auf den Küchentisch. »Gefangen«, das ist das richtige Wort, denn der grüne Geselle wirkt nur im Samisdat, verbirgt sich listig, ist immer auf der Flucht, und die vergebliche Jagd nach ihm ist schon den Juli und August durch die ganze Stadt gegangen. Die Einheimischen kommentieren die Behauptung, daß es mitten im Sommer einfach keinen Salat in Prag gebe, mit belustigtem Unglauben. Bis man kapiert, daß die Prager die grünen Köpfe gar nicht vermissen. Haben wir nicht immer an den prachtvollen Aphorismus aus der Zeit der demokratischen Wende geglaubt: Sollte einmal in tschechischen Gasthäusern mitten im Sommer etwas Grünes, etwas wirklich Frisches auf den Teller kommen, dann ist der Kommunismus überwunden. Er ist überwunden, es gibt Frisches im Sommer auf Prags Tellern, aber es hat beinahe sechs, sieben, acht Jahre gedauert, bis dieser Luxus über Berge ungenießbarer Garnierungen hinausreichte. Ja, auch Salat ist auf Prags Märkten inzwischen zu haben. Sein meist erbärmlicher Zustand läßt immer noch erahnen, daß den Pragern eigentlich nichts verhaßter ist als zuviel Vitamine (die Kommunisten einmal beiseitegelassen).

Der Kommunismus mag dahin sein, seine letzte, bis heute zu verteidigende Bastion ist der böhmische Magen. In Gasthäusern, wo Shortsbehoste Urlauber vor Hitze ächzend hartnäckig aberwitzige Wünsche nach großen gemischten Salaten äußern – da lassen sich schon mal Gurkentomatenpaprikakraut drapieren. In eher volksnahen Wirtsstuben gibts nur mehr Krautsalat, immerhin frisch, saftig, mit Kren. Im nächsten Haus aber mutiert der »Gemischte« zum ehernen Monument der Vorzeit: zu jenem graugelben Gemisch aus verschiedenstem gehäkselten Kohl, der, graugelb auch von Geschmack, schon auf der Karte stolz als »pasteurisiert« ausgewiesen ist. In der *Beizn* neben dem Schloß Troja direkt am Eingang des Prager Zoos schließlich haben sie vor relativ kurzer Zeit auf die Salatfrage erst noch große Augen gemacht, dann hat der Wirt zu prusten angefangen, und das Lokal hat sich lange nicht mehr so amüsieren dürfen, als wären wir einem der Gehege nebenan entsprungen. Böhmens kulinarische Maxime ließe sich zusammenfassen: Vitamine sind kein Essen, und Bier und Wein kein Alkohol (tatsächlich wird man von freundlichen Gastgebern üblicherweise gefragt, ob man »Bier, Wein oder Alkohol« – also Schnaps – wünsche).

Frisches Gemüse ist teuer geworden. Obwohl sogar schon im Fernsehen gelegentlich von Schonkost und Diäten die Rede ist, verschärft sich die ungesunde Fett-Fleisch-Eier-Lage in Böhmen und Mähren noch: Seit der Wende ist der Konsum an Schweinefleisch weiter hochgeschnellt. Das kann man sich noch leisten. Rind schon kaum mehr. Die Tausende teigig-bleicher Pickelgesichter, nicht nur früher das optische Leitmotiv aller sozialistischen Mangelgesellschaften, sind in Wahrheit der dermatologische Triumph des Schweinsbratens. Nur wenige scheren aus. Selbst die im TV vorgekochte »Schonkost« ist fett und kalorienreich. Allein die neuen Reichen und Schicken – als Jungmanager muß man plötzlich auf Teint und Figur achten – haben die neuen Asienläden entdeckt, die Exotika für Gold verhökern. Auch die paar sündteuren Naturkostbuffets gehen gut: Beim Essen scheidet sich die neue kapitalistische Klassengesellschaft so scharf wie an den neuen Autos. Armut verdrängt sogar langsam die *Svičkova,* den gespickten Rindsfiletbraten, das Leib-und-Magen-Gericht der Nation, mit viel Sauce und Knödeln. Fleisch, Knödel und viel Sauce, das ist Böhmens Himmelreich. Und sein Fluch, wenn alles in dieser monotonen Dreieinigkeit verödet. Wie sollen sie auch auf die Idee kommen, die traditionelle Küche zu »reformieren«, sie schlanker und leichter zu machen, wie dies den oberpfälzischen und ostösterreichischen Nachbarn so schmackhaft gelungen ist, wenn die Tradition erstorben ist?

Vlasta, die mährische Küchenfee, hat zum Abschied ein Mahl bereitet, das den Glauben wiederbelebt, die böhmischen Länder lägen doch ganz nah am Schlaraffenland: zuerst Maultaschen, gefüllt mit Pilzen und Kräutern, mit einer himmlischen Sauce aus Tomaten und Äpfeln; dann walachisches Kaninchen, Stunden sanft im Sesselherd gegart, mit Backpflaumen, viel Wacholder und – ihr Geheimnis – zwei Löffeln Powidl (Zwetschkenmus) in der Rahmsauce.

An den Teig für die Maultaschen hat Vlasta einen ganzen Vormittag verwandt: Dreimal hat sie ihn gerupft, in kleinste Fetzchen zerrissen und wieder verknetet. »Der braucht das, damit er mürbe wird.« Kein Wunder, daß solche Götterspeise heute keine Küche mehr findet.

Exil am Stammtisch

Die Herrschaften schwanken zwischen Empörung und Jammer. Was noch tun? Bitten, betteln, fluchen? Eine Lokalrunde ausgeben? Sich auf die Erde werfen? Da sitzt der Mensch und nimmt keine Notiz von den Fünfen im feinsten Tuch, die sich inmitten des Wirtshauses »Zum Goldenen Tiger« hilflos im Kreise drehen, inmitten von feixender Nichtachtung und offener Anfeindung. Das hatten die Herrschaften aus Deutschland (1. Literaturkritiker, 2. Zeitschriftenredakteur, 3. Dolmetscherin, 4. und 5. amtsmäßig undefinierbare edle Damen) noch nie erlebt, daß jemand ihre Huldigungsfloskeln und fein zurechtgelegten Schmeicheleien einfach nicht entgegennehmen, geschweige denn sich dadurch geehrt fühlen will. Die Kellner, im Bedarfsfalle von ruppigem altsozialistischem Zuschnitt, machen die Geschäftsbedingungen klar: Ohne Platz kein Bier. Im »Goldenen Tiger« – es ist schon einige Jahre her – ist nie Platz. Steht einer auf, dann sitzt unversehens sofort einer der immer wartenden Einheimischen auf dem Platz, dann wieder einer, es ruckelt gemächlich an den langen Tischen unter dem Gewölbe, bis alles zusammensitzt, was zusammengehört und nie eine Lücke bleibt. So haben die vom Goldenen Tiger zu Prag jahrelang ihre Stammkneipe gegen die Masse der Touristen verteidigt, und den Stammtischbruder Dichter gegen die Zudringlichkeiten der Gaffer und Wichtigtuer.

Bohumil Hrabal, der tschechische Erzähler, ist mit achtzig Lebensjahrzehnten zum Opfer seines Ruhms geworden: Unverfroren sucht man ihn auszustellen, schleppt ganze Busladungen durch den Tiger, die den alten Zecher im Kreise seiner Freunde gierig anstarren, bis die ruppigen Kellner mit großen »Besetzt«-Schildern das Pack aussperren, das seinen schamlosen Voyeurismus als Bildungshunger geachtet wissen will. Hrabal ist mit den Kumpanen für Jahre umgezogen, muß nach Jahrzehnten am gleichen Stammtisch in ein anderes Wirtshaus fliehen, dessen Name zu nennen zu seiner Zeit blanker Verrat gewesen wäre. Wer Glück hat, darf einmal verstohlen und stumm beiseite auf einem Hockerchen sitzen, eingeschleust unter dem ganzen Zeremoniell der Konspiration vom größten Hrabalologen der Stadt, einem Menschen namens Poeta(!), zu deutsch Dichter, einem Römer, der dem Prager Hrabal verfallen ist. Nur einmal kehrt Hrabal zwischendrin in den Tiger zurück, um dem prominentesten und ultimativen Touristen mit klammheimlicher Freude als Eingeborenenstaffage zu dienen, dem Präsidenten Clinton nämlich, den die kryptischen, versweisen Orakel der versoffenen alten Sphinx ziemlich verwirren, was der wieder diebische Lust bereitet.

Das einzige, was ihn bei seinem ersten Besuch in München wirklich beeindruckt habe, seien die gewaltigen Ärsche der Brauereirösser gewesen. Die Begebenheit ist ausreichend glaubwürdig verbürgt von einem seiner Übersetzer, der wie alle Übersetzer eine wichtige, eine segensreiche oder verhängnisvolle Rolle im Leben eines Schriftstellers spielt, sofern es dieser dazu gebracht hat, in andere Sprachen übertragen zu werden. Zumal für einen wie Bohumil Hrabal, den man eine Großmacht des Erzählens nennen muß. Auch diese Großmacht ist untergegangen, denn Hrabal hat sich mit achtzig daran erinnert, daß er sich schon mit 69 gewundert hat, noch am Leben zu sein angesichts seiner dicken Leber. So sei also Franz Peter Künzel für alle anderen, vielleicht ein halbes Dutzend, sprachbegabter Menschen gedankt, die diesen Fluß an Sprach- und Mutterwitz, an Assoziation und Alltagswahrheit mit unterschiedlichem Talent ins Deutsche herübergelenkt haben. Wobei dieser Künzel nicht von ungefähr die deutsche Statthalterei der tschechischen Erzählergroßmacht Hrabal so erstaunlich besorgte, weil er aus der gleichen Welt, dem vielsprachigen Brünn herauswuchs, das heute einsprachig nur noch Brno heißt. (Was wäre übrigens die tschechische Literatur ohne die Mährer!) Hrabal kann nur übertragen werden von Leuten, deren Seele hie wie dort wohnt, wo der Klang der Gerätschaften des Alltags und die Osmose der schwitzenden Seelen das Wort bestimmt und nichts Akademisches.

Künzel ist auch der Bürge für die Sache mit den Brauereigaulärschen. Deren Faszination ist aus zweierlei Gründen so glaubhaft. Der Brauerei wegen, des eigentlichen Schicksalsraumes des Herrn Hrabal. Und weil sich nirgendwo sonst als in den gewaltigen Hinterteilen der Bräurösser Ornament und zupackende Wirklichkeit so ideal vereinigen. Für einen sinnlichen Menschen sind sie zwangsläufig Objekt der Zärtlichkeit und Zuflucht warmen Zutrauens. Wo die Poesie der Form und die Weichheit des lebenden Wesens sich über die Kraft und Wucht der Kaltblüter legen, ohne sie zu verschweigen, denn eine Münchner Brauereipferdestärke hat, wenn sie anruckt, eine ungeheure Wucht. Hrabals Bedürfnis nach und Geberlaune an Zärtlichkeit lassen ihn mit den Menschen in den Prager Kneipen hocken und auf dem Lande in seinem Landhäuschen in Kersko mit seinen halbwilden Katzen leben, mit dem berühmten Kater Cassius, an den er neuerdings seine Briefe schreibt.

Kaum eine seiner Erzählungen, Romane, Geschichten, in denen nicht die Ketten der Bräurösser hinter der Mauer klirren, wo nicht irgendwelche Abenteuer in der Mälzerei zu bestehen oder die groben Scherze der Brauknechte zu ertragen wären. Diesem Ort – der Vater des Dichters war Brauereiverwalter – ist Hrabal schicksalsgleich verhaftet. Denn der Mensch lebt heute fast nur noch vom Brot allein, vom flüssigen Brot, dem Bier, dem Golde Böhmens, dem er beinahe die Zärtlichkeit widmet wie den halbwilden Katzen. Eine Zärtlichkeit mal der spezifisch tschechischen Diminutive, biedermeierlicher Verkleinerungen der Lebensgrausamkeiten. Oder die tiefe Zärtlichkeit ohne Niedlichkeiten, wo er in eine Art Jeremiade der Verzückung fällt, eine Litanei des bittersüßen Wohlgefühls. Luft- und Leichtigkeit der Sprache bei der Schilderung von Abgründen in der Seele Prags und seines Umlandes.

Als man ihm den Jaroslav-Seifert-Preis verleiht, den wohl angesehensten seines Heimatlandes, spricht der Juryvorsitzende von Hrabals Kunst als der Rhythmisierung des Alltagslebens. Und deshalb sei er auch mehr als ein Schriftsteller, ein Dichter eben. Ein Dichter des Lebens, der den Maler Manet so schätzt, weil er von dessen Art zu malen das Schreiben gelernt habe: »Weil er, Manet, gelernt hat, daß er keine Symbole und Allegorien braucht, er hat Symbole und Allegorien ausgemerzt, und nur gemalt, was er gesehen hat.« So sei auch das, was er, Hrabal, schreibe, »das Diktat des Seins«. Hrabal grinst, sagt, daß das schon »Hegel und Heidegger« gewußt hätten. »Diktat des Seins« wie bei Kafka und Hašek, die ja nur die Geschichte des alten Österreichs diktiert bekommen hätten, hingeschrieben hätten, mit Szenen voller Ironie, die es etwa in Kafkas Schloß mit Szenen des großen Chaplin aufnähmen.

»Sie sind unser König der Komiker«, hatte ihm eine Bekannte gesagt, was ihn prädestiniere, die Geschichte aufzuschreiben, wie man ihren Vater während des Protektorats umgebracht hat, weil er das Attentat auf den NS-Schergen Heydrich gutgeheißen habe. Wenn schon die Literaturprofessoren, dann müßten auch die Geschichtslehrer Hrabal lieben und verbreiten. Wie er seine Personen über die dramatischen Geschichtszäsuren hinwegleben läßt, die Besetzung durch die Nazi, Verfolgung, Kriegsende, Vertreibung, KP-Putsch, den »Frühling«, ohne Bewertungen und Pathos, »nur« als Element der Menschenerfahrung. Hrabal ließ sich vom Schloß nicht kirre machen. Zeitweises Publikationsverbot zu KP-Zeiten, seit 1975 wieder verlegt, aber natürlich nur mit dem Stempel der Zensur. Das quält ihn, wie er zugibt. So habe er oft eine Fassung für seine Freunde und eine für den Zensor geschrieben. Will darüber nicht mehr reden. So wird er die Legende auch nicht mehr korrigieren, die von Hašek stammen könnte, daß er, Hrabal, irgendwann einmal nach dem Stempel der Zensurbehörde nicht mehr diese amtliche Fassung, sondern die für die Freunde, die unzensierte, in Druck gegeben und daß das niemand gemerkt habe. Weshalb die Tschechen trotz allem Hrabal zuletzt nur noch unzensiert gelesen hätten.

Der fünfte Stock

Der alte Mann ist aufs Fensterbrett geklettert, um die Tauben zu füttern. Er ist heruntergefallen und gestorben. Die Todesnachricht nahm sich aus, als hätte Bohumil Hrabal sie selbst geschrieben. Über den Todesfall ist damit alles erzählt, aber alles bleibt offen, so wie Hrabal in seinen Geschichten immer alles erzählt hat und doch alles offen geblieben ist. Nie hat ausladender Reichtum an Details und Stimmungen die Phantasie gesättigt; immer hat er mit Wiederholungen, Vergewisserungen, Bekräftigungen, noch mehr Einbildungen von möglichen Varianten hervorgerufen, wie alles außerdem noch hätte verlaufen können. So hat Hrabal sein Leben mit einer zum Wuchern freien Legende beendet, die seinen Geschichten gleicht; denn all die Ereignisse, von denen die erzählen, sind eigentlich klein, dürr, alltäglich, banal. Doch von Bohumil Hrabal geschildert, werden aus ihnen Märchen und Dramen und Komödien, letztlich lichte und finstere Legenden, denen einfach Unergründliches innewohnen muß, weil sie vordergründig so klar und unzweideutig erscheinen. Hrabals Tod gibt seinem Lieblingsplatz, dem Stammtisch, Thema und Beschäftigung auf immer; kein Literat war ein so überzeugter Stammtischbruder und kein Stammtischbruder ein so großer Erzähler. Der Stammtisch ist auch unzählige Male in Hrabals Werk Beobachtungsplatz und Tatort, wo sich zeigt, wie sich kleine

Wirklichkeiten durch Erzählen, Erörtern, Wiederholen, Ausschmücken, Veralbern, Bestreiten und Vergeheimnissen zu großen Mythen wandeln, wie bescheidene Saufbrüder die Charakterzüge tragischer Helden, verkannter Genies, abgründiger Unholde annehmen. Der Stammtisch wird demnach nie endgültig feststellen können, ob sich der mährische und weltliterarische Großmeister der Schnurre selbst ums Leben gebracht hat oder nicht. Man hatte ihn, den seit gut zwanzig Jahren kränkelnden, oftmals totgesagten 82jährigen, fünf Wochen zuvor in eine Prager Klinik geholt, um ihn wieder aufzurichten. Es sei ihm an Leib und Seele damals besonders schlecht, jetzt, in den letzten Tagen, besonders gut gegangen, hat man offiziell sagen hören. Eine vorsätzliche Selbsttötung sei ausgeschlossen. So wird es sein. Und genauso wahr wird sein, daß alles denkbar ist, wenn ein Greis, um die Tauben zu füttern, sich im fünften Stocke eines Stadtkrankenhauses so aus dem Fenster lehnt, daß er hinausstürzt. Als sicher darf gelten, daß der Schelm und grantige Menschenfreund es seinen Verehrern, die ihm die letzten Jahre mit penetranter Zudringlichkeit verleidet haben, nicht allzu leicht machen wollte: Gerade im letzten Augenblick sich von denen in die Karten schauen lassen? Eine Legende hatte er in den letzten Jahren als Schutzwall um sich aufgeworfen, um schamloses Bildungspack aus eigenem und fremdem Lande davon abzuhalten, ihn sogar beim Biertrinken anzustarren. Er selbst wußte die Mär in die Welt zu setzen, dieser Bohumil Hrabal habe sich längst um seinen Verstand gesoffen, friste als Trinkergreis ein Dimpfeldasein, boshaft und unzugänglich. Die »menschgewordene Fröhlichkeit«, der er als der vielleicht erstrebenswertesten Form des Menschseins huldigte, mochte er selbst nicht gewesen sein. Die selbstgesponnene Legende vom trüben Saufbold hatte zuletzt wenigstens die Prager Reiseveranstalter dazu gebracht, das Hrabal-Anglotzen aus dem Programm zu nehmen. Der Reporter hatte die seltene Gelegenheit, sich vom Gegenteil der Legende zu überzeugen. Die Erhebung in den Adelsstand eines peripher am Stammtisch Geduldeten ging so: Einer beruflichen Frage wegen verabredet, ging es dem Meister mit der Bierlieferung des griesgrämigen Kellners im »Tiger« zu langsam. Darum stellte er dem Gast sein Glas vor die Nase und sprach: »Da, sauf, du Esel.« Herzlicher, versichern Eingeweihte, sei schon lange niemand mehr aufgenommen worden.

Mährer sind prägend für die Literatur des tschechischen Sprachraumes. Der wesentlich kleinere Landesteil überstrahlt Böhmen seit je an erzählerischen und dichterischen Talenten, wiewohl von außen besehen irgendwie alles wie »böhmisch« erscheint. Auch Hrabal ist in Brünn geboren. Aber seine erzählte Welt liegt überwiegend in Böhmen, folgend den Linien seiner eigenen Biographie. Er sagt ja von sich selbst, er habe nie etwas erfunden, er sei gleichsam ein Abschreiber, ein Nachplapperer; die Dinge und Ereignisse hätten erzählt, er habe ihnen nur Worte gegeben. Dabei fasziniert das merkwürdige Gleichmaß, in dem Hrabal die Welt nach der menschlichen

Wahrnehmung auszumessen versteht, wie Details und Stimmungen hinter seinen Erlebnisbildern sich nicht durch Bedeutung beweisen müssen: Das Klirren der Roßketten hinter der Mauer der Mälzerei hat seinen weltgeschichtlichen Klang wie das Rasseln der deutschen Panzerketten auf Prager Pflaster, bezogen eben immer auf das Menschenschicksal, in das es hineintönt. Da kommt große Geschichte als obskure Episode ins Spiel, ohne daß dadurch die Ungeheuerlichkeiten kleiner und die Triumphe blasser würden. Genauso geht es bei Hrabal mit der Heiterkeit des Entsetzens und den Schrecken im Scherz. Nichts muß je benannt werden, alles wirkt, und diese Wirkung teilt sich dem Leser in einer Direktheit mit wie eine Droge. Das kann ein harmloser, grandioser, ahnungsloser Sieg über eine Okkupationsarmee sein, hinter dem mehr Anpassungstrieb als Heldenmut steht (»Reise nach Dienstvorschrift, Zuglauf überwacht«); das kann die groteske Verzerrung des Rassenwahns in ein lächerliches Kinderschicksal sein (»Ich habe den Englischen König bedient«); das können die heimtückischen Verführungen einer Katze sein (»Leben ohne Smoking«), das wohl einzige Wesen, von dem sich Hrabal je hat bestechen lassen. Das Gewicht jedes Ereignisses bemißt sich allein im Einzelschicksal und dessen Witz, daran zu wachsen oder zu scheitern, mit scheinbar heiterem, ironischem Gleichmut beschrieben. Hrabal war einer der wenigen großen Musiker in der europäischen Literatur. Ja, Musiker. Hrabal, dem ganze Werke punktlos aus der Feder flossen (»Tanzstunden für

Erwachsene und Fortgeschrittene«), läßt sich beinahe gedankenlos lesen: Die Melodie, dieser Klang, in dem sich neben dem gesagten Sinn ganze Kompositionen entwickeln. Bohumil Hrabals Werk bildet als große Ausnahme ein fast bruchloses Kontinuum der tschechischen Literatur der letzten Jahrzehnte, wo so manche Persönlichkeit und ihr Werk von Haft und Exil zerrissen, zerbrochen wurden: Zwar belegten ihn die Kommunisten nach dem Prager Frühling mit Veröffentlichungsverbot und unterwarfen seine Werke dann der Zensur; ein für ihn traumatischer Eingriff.

Susanna Roth, eine seiner brillanten Übersetzerinnen, die inzwischen noch jung an Jahren ebenfalls gestorben ist, hat sich am Ende über die Nachwelt bitter empört: Man habe versucht, Hrabal noch im Tode zu bestehlen, um seinen Selbstmord nämlich, um seine Art, mit Achtung zu gehen. Wir lesen in dem Bändchen »Die Zauberflöte«, fast zehn Jahre vor seinem Tode geschrieben: »So oft wollte ich aus dem Fenster meines fünften Stockes springen, ... als ich dann aber las, daß Franz Kafka aus dem fünften Stock hatte springen wollen, dort, wo er gewohnt hatte, in der Maison Oppelt, ... als ich las, daß auch Malte Laurids Brigge in Paris im fünften Stock gewohnt hatte, als ich das von diesen Stockwerken erfuhr, da verschob ich meinen Sprung aus dem Fenster ...« Krankenhaus und Prager Polizei schließen den Fall mit der Feststellung, für einen Freitod des großen Schriftstellers gebe es nicht die geringsten Anzeichen.

Jude, deutscher!

»Die Schönen, die wenigen, die sich trotz des Elends hatten noch ein wenig Ansehnlichkeit bewahren können, hatten es immer irgendwie leichter. Sogar während der Jahre im KZ. Aber nach der Befreiung waren gerade die noch schön genug, um sofort nach der Ankunft in Prag von russischen Soldaten vergewaltigt zu werden.« Die scheinbar kühle, sorgsam distanzierte Wortwahl steht in sonderbarem Kontrast zum Schrecken, der aus diesen Sätzen spricht. Das Antlitz der gepflegten alten Dame läßt heute noch gut erkennen, daß sie damals zu den Schönen gehört hat. Nach einigem Schweigen, sagt sie: »Mitten in der Stadt, ungefähr da, wo heute die Opletal-Straße liegt, haben sie mich erwischt. Noch bevor ich überhaupt nach Hause gekommen bin, nach drei Jahren.« Libuše T. war damals aus dem Frauen-Konzentrationslager Ravensbrück heimgekommen. In den letzten Kriegsmonaten hatte Hitlers SS Ravensbrück mit Häftlingen aus den Gebieten im Osten vollgestopft, die die NS-Kriegsmaschinerie hatte preisgeben müssen. Nur das Vernichtungswerk an Juden und politischen Feinden mochten die Nazis nicht preisgeben, suchten ganze Lager ins Restreich zu evakuieren, um niemanden entkommen zu lassen. Doch oft waren die Befreier schneller. Und auch Libuše T. sieht trotz des entsetzlichen Empfangs in der Heimat die Russen als Befreier. »Nur die Kommunisten nicht. Die mochten uns Juden genausowenig wie die Nazis. Sie haben es nur besser versteckt.«

Warum trägt die Jüdin Libuše T. diesen urtschechischen Namen? »Was meinen Sie wohl, wie wir uns gefühlt haben? Tschechen waren wir natürlich, tschechische Prager! Die Eltern haben uns Kindern ganz bewußt solche Namen gegeben, um zu zeigen, wo wir hingehören.« Anderen, die sich nicht so eindeutig orientiert hätten, sagt Libuše T., sei es erst richtig übel ergangen. Haben die Tschechen den Juden die Loyalität gedankt? »Schauen sie sich doch dieses Theater mit der Rückgabe des jüdischen Vermögens an!« Libuše T. hätte als einzige Überlebende ihrer Familie einiges einzufordern. Aber die Besonderheiten des jüdischen Schicksals und des heutigen Umgangs mit ihm haben sie leer ausgehen lassen. Auch als das Parlament in Prag das Gesetz über die Rückgabe jüdischen Vermögens endlich billigte.

Bei einer Volksbefragung des Jahres 1930 hatte sich jeder tschechoslowakische Bürger zu »seiner« Nationalität zu bekennen. 1945 nahm man diese Daten als Grundlage für die Vertreibung der millionenköpfigen deutschen und großer Teile der ungarischen Volksgruppe. Da ist zum Beispiel die Pragerin Eliška Fischmannova. Deren Eltern waren »waschechte Tschechoslowaken«. Sie hatten sich 1930 als Juden bekannt, was nur eine Minderheit der Juden für angezeigt hielt: Aufgrund ihrer Sprachzugehörigkeit votierte nämlich die Mehrzahl der Juden für die Nationalität, der man sich seiner Kulturidentität wegen zuzählte oder zugezählt wurde, oder der sich viele auch ganz und viel mehr angehörig fühlten als der Prager Judenheit. So wie Libušes Familie, die sich als Deutsche deklariert hatten. Andere, die Mehrheit der Juden, fühlten sich so tschechisch, daß sie sich für diese Identität entschieden, amtlich zumindest. Die Fischmanns jedenfalls blieben bei ihrem Judentum, ohne Kompromiß. So erbrachte diese Volkszählung die Zahl von 110.000 Juden in der ČSR einschließlich der Karpato-Ukraine, in Wahrheit waren es mehr als 300.000.

Den Nationalsozialisten waren derlei Spitzfindigkeiten egal. Kaum hatten sie Böhmen und Mähren in Händen, begann 1939 die »Arisierung«. Auch das Gut des Richard Fischmann, des Vaters der Eliška, wurde arisiert, wurde dem Juden ab- und unter »reinblütiges« Kuratell genommen und später verteilt. Ein Gut von 270 Hektar, in Puklice im fruchtbaren Südwesten Mährens, nicht weit vom damals malerischen Iglau (Jihlava). Den alten Iglauern ist Eliška nicht gewogen: »Die Iglauer Deutschen waren viel schlimmer als die Reichsdeutschen.« Sie, die mit ihren Geschwistern auf tschechische Schulen ging und die mit den Eltern zu Hause tschechisch sprach, aber natürlich zweisprachig aufwuchs, habe erst dort zu spüren bekommen, daß man »eigentlich fremd« sei, »weil wir Juden waren«.

Dann die Deportation, die letzte gemeinsame Zeit der Familie in Theresienstadt. Als erster wird der Vater 1942 in Auschwitz umgebracht, dann Eliškas erster Mann in Dachau. »Dr. Mengele persönlich«, wie sie sich genau zu erinnern glaubt, sondert sie selbst an der Rampe in Auschwitz zum Arbeitseinsatz im Reich aus, Mutter und Schwester gehen ins Gas. Sie und Bruder Vitezslav überleben, Wiedersehen Ende 1944 im KZ Theresienstadt, Heimkehr nach der Befreiung im Mai 1945 – und das erste, was Vitezslav zu sehen bekommt, ist ein Aushang am Iglauer Rathaus: Das Gut des Richard Fischmann in Puklice ist nach dem berüchtigten Präsidentendekret Nr. 12/45 »über die Konfiskation und beschleunigte Verteilung des Landbodens von Deutschen, Ungarn, wie von Verrätern und Feinden des tschechischen und slowakischen Volkes« beschlagnahmt worden. »Der Vater wurde plötzlich mit denen gleichgesetzt, die ihn ermordet haben«, sagt Eliška.

Einspruch. Ein Morast aus Mißgunst und Verleumdung. Der Widerspruch wird durch alle Instanzen abgewiesen, am Ende auch vom Obersten Gericht, allerdings erst 1951, also schon unter KP-Herrschaft, als die Rückgabe von Privatvermögen längst in der Abteilung Treppenwitze abgelegt ist. Die Serie von Rechtsbrüchen kümmert niemanden: In den Akten hallt nur schäbiges Feilschen wider, etwa darüber, ob nun Richard Fischmann schon deshalb Deutscher gewesen sei, weil sein Verwalter die Bücher in deutsch geführt hatte. Der Fall ist auch nach der sanften Revolution in der Tschechischen Republik durch unzählige Instanzen gegangen, weil Eliška Fischmannova ihren Vater rehabilitiert sehen und das Vermögen zurückhaben will. Prager Reporter treiben während der Prozesse Mitte der neunziger Jahre einen pensionierten Friseur auf, der erzählt, Fischmann habe sich noch schnell rasieren lassen, als die Gestapo ihn 1941 abholte, Beweis genug dafür, daß er Deutscher war. Im Dorf Puklice glaubt man zu wissen, daß er gar nicht in Auschwitz gestorben ist, sondern fürstlich in der Schweiz lebt, wohin ihm sein Chauffeur »das Gold und die Diamanten« in den Autoreifen geschmuggelt habe.

Nazi-Propaganda wird Kommunisten-Propaganda wird Volksglaube wird Rechtsprechung: Heute versucht eine Behörde den Tod des Richard Fischmann in Auschwitz anzuzweifeln, beruft sich die Generalprokuratur in Prag auf eine fünfjährige Verjährungsfrist, fragt das Iglauer Liegenschaftsamt ausgerechnet bei jenen Institutionen, denen heute die gestohlenen Ländereien und Gebäude gehören, nach Beweisen, ob der Jude Fischmann vielleicht doch loyaler Tschechoslowake und kein Nazi gewesen sei. Ein treuherziges Papier seiner 21 Angestellten für das Enteignungsverfahren 1945 versichert hingegen: Fischmann sei zwar streng gewesen und habe schon mal jemanden angeschrien, aber er habe korrekt bezahlt, den tschechischen Sportverein gefördert und mit allen tschechisch gesprochen. Ein Alter erinnert sich: Sie hätten ordentlich gestohlen auf dem Gut; wenn man erwischt wurde, habe es großes Geschrei gegeben, aber bestraft worden sei nie jemand. In Puklice, wo sich die Kommunisten noch immer halten, ist ein Neffe des damals Hauptverantwortlichen heute Vizebürgermeister. Er steht zu allen Entscheidungen des Onkels.

Die Niedertracht, die unglaubliche Grausamkeit jener Zeit traf andere noch härter. Juden, die sich 1930 zur deutschen Nationalität gezählt hatten, wurden 1945 unverzüglich nach Deutschland deportiert – in das Land, das sie soeben auszurotten versucht hatte. Menschen, kaum dem Tode in Auschwitz und anderen Vernichtungslagern entronnen, kaum nach Prag, nach Brünn zurückgekehrt, wurden im ersten Toben der »wilden« Vertreibung nach wenigen Tage in die Arme des Mördervolkes zurückgejagt. Mit einem Federstrich wurden die Ärmsten der Opfer zu Tätern gemacht. Mit einem Federstrich wurde aus »arisiertem« Vermögen tschechoslowakischer Juden »rechtmäßig beschlagnahmtes« Gut des Landes verwiesener »Ausländer«. Die Versuchung, allein der Besitztümer wegen jemanden für deutsch zu erklären, der aufgrund der jüngsten Ereignisse nie und nimmer deutsch sein konnte, war vielerorts zu groß. Das doppelte Entsetzen von tödlicher Verfolgung und Vertreibung in einem Zug hat vielen Opfern den Mund verschlossen, ist in Deutschland kaum bekannt, ebensowenig in Österreich oder der Tschechischen Republik selbst. Über den vielen Sünden des gestürzten KP-Regimes vergißt man gerne, daß die Totalität auch einen profunden Antisemitismus konserviert hat. Frau Fischmannova, die sanfte Achtzigerin mit dem weißem Haar, die mit ihrem zweiten Mann im Prager Stadtteil Smíchov lebt und voller Nachsicht ist für viele Zeiterscheinungen, will ihren heutigen Nachnamen lieber nicht genannt wissen: »Ich habe junge Verwandtschaft in der Nähe, ich will die nicht in Schwierigkeiten bringen.«

»Wir haben noch keinen Rechtsstaat«, sagt sie, und meint damit die heutige Republik. Denn daß alle Unterlagen aus der deutschen Besatzungszeit, die ihren Vater betreffen, mit dem Vermerk »Jude« gekennzeichnet sind, ändert auch für die heutige Justiz nichts daran, daß es hier um enteignetes deutsches Vermögen geht. Prag fürchtet nichts mehr als die Ansprüche der Sudetendeutschen Landmannschaft. Deshalb muß die Datumsgrenze der KP-Machtübernahme am 25. Februar 1948 für Ansprüche auf Vermögensrückgabe um jeden Preis gehalten werden. Die Sozialdemokraten meinten deshalb zeitweilig, man solle den Juden ihr Vermögen zum symbolischen Preis von einer Krone zurück-»verkaufen«, damit es ja nicht so aussieht, als sei etwas zurückerstattet worden. Aber selbst seit das Prager Parlament das Gesetz über die Rückgabe jüdischen Vermögens verabschiedet hat, ist für Eliška nichts drin und auch für all jene Juden nicht, die 1945 unter dem Kainsmal vertrieben wurden, Deutsche zu sein. Ein 1992 erlassenes Gesetz sollte die Härte der sogenannten Beneš-Dekrete für Deutsche und Ungarn mildern, die wie alle behandelt wurden, obwohl sie sich nachweislich um die Tschechoslowakei besonders verdient gemacht hatten. Auch das griff nicht: Alles zu kleinlich, zu eng gefaßt, und dazu Behörden, die Ermessensspielräume nicht sehen wollen. Juden sind in dem Gesetz sowieso nicht genannt. Eliškas Vater bleibt ein deutscher Volksfeind.

Prags Oberrabbiner Karol Sidon, ein ironiebegabter, Sympathie erweckender Mann früh in den

Fünfzigern, ein Schriftsteller, der um keine Antwort verlegen ist, bleibt einmal merkwürdig stumm. Wieviele Juden wohl vor 1938 in Böhmen und Mähren gelebt haben? »Das weiß ich nicht.« Schweigen. Der Nachsatz: »Ich habe die Zahl einmal gehört. Ich habe sie vergessen.« Als sei es ihm unerträglich, die überwältigende Differenz durch Mord und Vernichtung zu ertragen. Registriert sind in Böhmen und Mähren heute rund dreitausend Juden, viele bekennen sich nicht, noch nicht, aus Furcht oder Argwohn ganz einfach, werden, so hofft der Rabbiner, zur Gemeinde zurückfinden. Antisemitismus herrscht immer noch, ist unausrottbar seiner Meinung nach. »Aber die Prager, die Tschechen sind keine Extremisten. Wenn nicht wie damals von außen ein Mordregime an die Macht gebracht wird, könnte es sich trotz allem hier nie von allein durchsetzen.«

Die Zeiten unter der KPČ waren furchtbar genug. Resigniert ist die jüdische Gemeinde in ihren Ansprüchen beinahe bei Null angelangt. Nach der »Arisierung« 1939, einem gutgemeinten Rückgabegesetz von 1946, das aber wegen der kommunistischen Machtübernahme von 1948 nicht griff, sowie nach den Enteignungen des Restes durch die KP ist die Hoffnung verbraucht. Um gerade mal 202 Objekte ging es, meist Friedhöfe und Synagogen. »Die Regierung fürchtet, unsere Sache könnte zum Präzedenzfall werden, zum Präzedenzfall für Kirchenvermögen und für die Deutschen.« Die Gemeinde hat unter dem Druck der Regierung darauf verzichtet, Güter zurückzufordern, die heute natürlichen Personen gehören, »weil das gegen die Regeln der Privatisierung verstoßen würde«, so das zuständige Ministerium. »Der große Fehler ist«, sagt Rabbiner Sidon, »daß sie uns als Kirche einstufen und nicht als Gemeinde, als Menschen.« So ist die Sache in den Strudel des Kirchenstreites geraten: Das Gesetz sagt, daß natürlichen Personen aller früherer Besitz zurückzugeben ist, Institutionen nicht. »Für uns geht es um die Lebensgrundlagen der Gemeinde.« Nicht um Symbole, um moralische Werte? Sidon sieht das konkret. Die Opfer, die könne man nicht bezahlen. »Auch wenn die Wiedergutmachung in Deutschland und von Deutschland aus symbolisch gedacht wurde, für die Juden war sie konkrete Hilfe.« Gerade mal zweihundert Leute, konkrete Personen konnten in Prag etwas zurückfordern. Die Republik schloß mit kalter Berechnung alle früheren Tschechoslowaken von der Rückgabe aus, die nicht zurückgekehrt sind, oder die die tschechische Sprache nicht mehr beherrschen. So radierte man zunächst die Rechte der vielen vor dem KPČ-Regime geflohenen Tschechen und ihrer Kinder aus, die nicht zurückkehren wollen oder können. Und erst recht die der schon früher geflohenen Juden. Der Oberrabbiner faßt zusammen: »Die Deutschen haben die Menschen umgebracht und deren Reichtum an ihre Leute verteilt; die Kommunisten haben alles genommen. Und jetzt kämpfen wir um ein paar wenige Dinge, um Reste eines großen Reichtums. Von diesem Reichtum lebt dieser Staat heute. Es ist ziemlich unverständlich, daß man überhaupt darüber diskutieren kann, ob es nun

202 Objekte sind oder wieviel immer. Im Grunde ist das eine Unverschämtheit.«

Das alte Ehepaar aus Minnesota hat eine andere »Unverschämtheit« im Auge. Die Herrschaften, einst aus Prag geflohen, heute aus den USA angereist, sind zunächst ganz ergriffen vom Inneren der Pinkas-Synagoge, einem der großen Bethäuser Prags. Hier malten Restauratoren die Namen jener mehr als 74.000 jüdischen Menschen an die Wände, deren Tod durch Mörderhand im Nationalsozialismus belegt ist. Name, Geburtsdatum, Todestag. »Die sind ja alle auf Tschechisch geschrieben, aber die haben doch alle deutsch geredet und hatten deutsche Namen, wie wir!« Schwanken zwischen Empörung und Trauer. »Müssen uns die Tschechen unsere Kultur, unsere Namen stehlen, auch wenn sie dreimal deutsch sind, wie die Mörder?« Die alte Dame ärgert besonders das -ova hinter den Frauennamen. Die Gedenkstätte mit den Namen war schon bald nach dem Krieg so angelegt worden. Heute rekonstruiert man nur. Rabbiner Sidon sieht darin kein Problem: »Es ist ein jüdisches Gesetz, dem Staat gegenüber loyal zu sein, in dem man lebt. Das war früher die k. u. k. Monarchie, die von oben her deutschsprachig war. Und dann die Tschechoslowakei, und die war tschechisch geprägt: Wie überall sonst auch führten also tschechische Juden tschechische Namen.« Eine bewußte kulturelle Umorientierung, um des lieben Friedens willen? »Das gab es schon im Mittelalter, das muß nicht unbedingt mit Assimilation zu tun haben.«

Das jüdische Ehepaar aus Amerika ist mit der

milden Deutung des Rabbi etwas unglücklich. »Ich heiße Kutscher, und nicht Kučerova«, murmelt die Frau irritiert. Die Kommunisten hatten die Gedenkstätte übrigens direkt nach dem Sechs-Tage-Krieg 1967 schließen und die Namen der Opfer von der Wand schlagen lassen. Der Dialektik, wie man das begründet hat, ist nicht einmal einer der vertracktesten jüdischen Witze gewachsen. Geheimdienstler der Westmächte, so hieß es offiziell, hätten aus den Namenslisten an der Wand der KZ-Opfer geeignete Familien herauslesen können, um sie für Spionagedienste gegen die ČSSR anzuwerben. An diesem Ort ist mehr an zynischer Idiotie kaum denkbar. Neben die Trauer über die Opfer tritt die Unfähigkeit der Nachwelt, zu trauern. Und Bedauern über das kaum sechzig Jahre zurückliegende Ende von fast tausend lebendigen Jahren der Prager Kultur-Dreifaltigkeit von Tschechen, Juden und Deutschen.

Das Montagsauto

Der Enthusiast hat lange überschwenglich die Vorzüge seines Kraftwagens gepriesen. Irgendwann hebt sein Gesprächspartner in dem Prager Wirtshaus das Glas: »Gratuliere! Du hast ein Montagsauto erwischt.« Ein Montagsauto? Der tschechische Volksmund kennt den Begriff wie der deutsche. Die Sache ist aber ziemlich kompliziert, sie umfaßt den ganzen Lebenskreis einer Prager Durchschnittsfamilie.

Am Sonntagabend kommt diese, so die volkstümliche Wahrheit, ausgeruht »aus dem Garten« auf dem Land zurück. Am Montag geht der Werktätige frisch und frohgemut an die Arbeit. Am Dienstag stellen sich erste Irritationen ein, weil angestrengt zu überlegen ist, was man am Mittwoch einkaufen müßte, um es möglichst am Wochenende mit in den Garten zu nehmen. Mittwoch einkaufen. Wer kann da arbeiten? Donnerstag Alibi für Abwesenheit am Freitag ausdenken und organisatorisch einfädeln. Freitag krank oder Großonkel gestorben, in Trauer, also abwesend. Richtig gearbeitet wird also am Montag, nur am Montag. So kommt es, daß das Montagsauto in Prag, Böhmen und Mähren ein großer Glücksfall ist.

Ist es aber doch nicht, entgegnen jene, die das Wesen des Gartens, das heißt des Garten- und Bauernhauswesens der Tschechischen Republik wirklich durchschaut haben. Denn in der Tat kehre der Werktätige Sonntagabend froh vom Lande zurück, freilich keineswegs erholt, vielmehr regelrecht erschöpft: Die Energie, die er im Erwerbsleben sorgfältig zu dosieren wisse, lasse er wochenends zu Gunsten des ländlichen Refugiums ungezügelt wirken. Von Freitag bis Sonntag zimmere, schraube, mauere der Mensch rastlos an seiner Bude herum. Die ganze Familie entfalte rauschhafte Aktivitäten in der Pflege der Gebäulichkeiten, des Gartens, des Zaunes, in der Bearbeitung und Bepflanzung des Bodens, im Kampf gegen Unkraut, in der Ernte der vegetarischen Früchte ihres Schweißes, um diese dann für den Rest des Jahres in Dosen und Gläsern wohl zu verwahren. Das sei alles sehr anstrengend. So komme es, daß die Montagsautos tschechischer Produktion sehr fröhliche Fahrzeuge seien, was nicht immer mit besonderen Verarbeitungsqualitäten einhergehe. Alles Gesagte sei auf Waren aller Art übertragbar. Denn unabhängig vom Produktionszweig sei am weiteren Ablauf der Woche im Schatten der Sorge, wie die Herausforderungen des nächsten Gartenwochenendes zu meistern seien, nicht zu rütteln.

Natürlich hauptsächlich zu Zeiten des realsozialistischen Arbeiterparadieses entstanden, behält diese Analyse auch nach Ansicht der Nachwendebeobachter einen hohen Wirklichkeitsgehalt. Das gilt für die »normalen« Monate des Jahres, in denen Werktätigkeit angezeigt wäre, wohingegen im Juni, im Juli und August sowieso Ausnahmezustand herrscht oder besser die wahre Wunschwirklichkeit: Prag ist leer, Brünn ist leer,

Ostrau, Pilsen und Budweis sind leer, nicht an Menschen, aber an autochthonen Bewohnern. Die Touristen überschwemmen Land und Städte, ein leeres Land, verlassene Städte: Denn die Tschechen hocken in den Gärten, sitzen auf der *Chata* und in der *Chalupa*. Das tun sie zwar sonst wochenends auch, aber jetzt sind Ferien, und da verlagern sich wie auf Kommando ganze Großkommunen, Kleinstädte, sogar die Dörfer in andere Großkommunen, Kleinstädte und Dörfer, die aber alle ein wenig anders aussehen, nicht so leicht zu finden sind und das wahre Paradies darstellen.

Die Statistik sagt aufgrund von Volkszählungsdaten, daß die Tschechische Republik über mehr Erholungseinrichtungen pro Kopf der Bevölkerung und gemessen an der Landesfläche verfüge als jeder vergleichbare Staat. Im Grunde besitze, so die Statistiker, praktisch jede tschechische Familie, zumal jede Prager Sippe ihr »Objekt der individuellen Erhohlung«, nimmt man als »Familie« nicht den Haushalt sondern den kleineren Clan. In extremen Fällen, wie dem Kreis Prag West, kommen auf einhundert bewohnte Gebäude nocheinmal 88(!) Lauben und Freizeitbuden. Im mittelböhmischen Kreis Rakovník – karges, malerisches, bewaldetes und dünnstens besiedeltes Flachgebirge westlich Prags – sind statistisch gar 93 von hundert bewohnten oder bewohnbaren Gebäuden Ferienbauten. Halb Prag hockt im Sommer hier draußen.

Der Drang ins Freie, in die Laubensiedlungen, an die Tümpel und Flüsse des böhmischen

Hügellandes bekommt etwas beinahe Wahnhaftes, bedenkt man, daß es nicht nur die Leute aus den finsteren Altstadtquartieren oder den monotonen *Panelaky* (Plattenbausiedlungen) hinauszieht. Auch die Kleinstädter, ja selbst die Dörfler, die ihrer Vorgärten und ihres grünen Umlands sicher sein können, ziehen ihrerseits weiter in die Gärten »ganz« draußen, irgendwo anders, manchmal nur wenige hundert Meter weiter, weg vom Alltag.

Weg von welchem Alltag? Außer der Sowjetunion war kein Land des Ostblocks so rabiat verstaatlicht und vergesellschaftet worden und schließlich so durchdringend volkseigen wie die sozialistische Tschechoslowakei. In den sechziger Jahren setzte der Run in die Gärten ein, freilich nicht ohne Tradition: Wie alle gewerblich-industriell geprägten Gesellschaften Mitteleuropas hatte auch die tschechische schon im Zuge der früheren demokratischen Arbeiterbewegung ihre Laubenkolonien gegründet, eine etwa der im Ruhrgebiet oder in Berlin vergleichbaren Gartenkultur entwickelt, die dem Industrieproletariat wenigstens kleinen Raum zum freien Atmen verschaffen sollte. Jetzt aber trafen zwei Komponenten zusammen, die eine Art Volkssport aus alledem werden ließen: Die Unzahl an ländlichen Gebäuden, die vor und nach der kommunistischen Machtübernahme enteignet worden waren, begannen dem Staate lästig zu fallen, der sie zu Spottpreisen verschleuderte. Zugleich begann die Gesellschaft auf die Gleichschaltungs- und Bevormundungsmechanismen des realen Sozialismus mit Sehnsucht nach Privatheit und Eigeninitiative zu reagieren. (Da die meisten Gründe, auf denen die Gartenkolonien entstanden, in Landreformen vor der kommunistischen Machtübernahme oder bei der Vertreibung der einstigen deutschen Mitbürger enteignet wurden, gab es nach der Wende keine Streitereien um das Land, wie sie die Laubenkolonien auf DDR-Boden ereilt haben.)

Der Kenner unterscheidet zwischen *Chata* und *Chalupa*. Letztere ist das ehemalige Bauernhaus, das von Städtern ins Herz geschlossen, renoviert, oft auch wirklich rekonstruiert und in einen vorbildlichen Urzustand gebracht wurde, eine typische Bewegung für Länder, in denen bäuerliches Brauchtum und die Tradition so Schaden gelitten haben, daß die Landbevölkerung diese Anstrengung zum Erhalt von Kultur nicht mehr selbst leisten kann und will. Erstere, die *Chata* hingegen, ist ursprünglich eine Gartenlaube, unterlag zunächst erheblichen baulichen Beschränkungen, wurde aber immer mehr zum voll wohntauglichen Unterschlupf erweitert und ausgebaut. So sammelten sich als Reaktion auf die un- und antipersönliche Welt des Arbeiter- und Bauernparadieses neue, merkwürdige Paradiese an, die sich letztlich gar nicht so sehr unterschieden von dem, was man floh: Massenansammlungen von Gartenparzellen, auf denen, gleichsam in Miniaturformat und mit zwergenzipfelmützigen Dächern gekrönt eine Sorte Individual-Panelak, der ganz persönliche Kleinstplattenbau, errichtet wurde. Bis heute ist es so, daß man den Alltag flieht und sich dennoch müht, ihn fugenlos und unverändert dorthin zu verlagern. In der Prager Zeitung *Mlada Fronta Dnes* räsoniert ein Kenner über die Selbsttäuschung, »den gütigen Selbstbetrug«, mit dem der ganze Zug in Ruhe und Beschaulichkeit des Landes stehe und falle: »Wir fahren in die Stille, obwohl der ganze Tag vom Gesang der Motorrasenmäher und Kreissägen durchwoben ist. Wir fahren ausruhen, obwohl wir einen ganzen zweiten Haushalt mit Waschen, Kochen, Nähen mitschleppen. Wir fahren weg, um das Milieu zu wechseln, obwohl wir in der Hütte zwei Fernsehgeräte und drei Radios haben. Wir fahren in die ökologisch saubere Landschaft, obwohl wir auch dort Autos waschen, von der Putzmittelkultur umgeben sind und uns an schmutzigen Teichen ergötzen, in denen längst keine Fische mehr leben.«

Tatsächlich gibt es Ansammlungen, die wie ein Lauben-Los-Angeles anmuten, riesige Arreale, in denen ein jeder eifersüchtig seine Sache hütet und sich letztlich genau dem oder noch größerem sozialem Streß aussetzt als in der Stadtwohnung. Diese Befindlichkeit des Lebens auf Hütte oder Bauernhaus ist längst in die Sprache integriert: *Chalupaření* und *chataření* beschreiben die Aktivität als solche, und der *chalupař* und der *chatař*, also der Bauernhäusler und Gartenhäusler sind feste Begriffe, ihnen sind Zeitschriften und soziologische Erörterungen gewidmet, ihre Tätigkeit ist mit Zeitwörtern in der Sprache verankert. Die Soziologen orteten ein »habituelles, ritualisiertes« Erholungsverhalten, das im wesentlichen auf Kosten des KP-Regimes gegangen sei: Als damals fast einzige zugelassene Form der Selbstverwirklichung und der Privatinitiative. Aber die ganze Wahrheit sei das auch wieder nicht, denn die Wende habe da wenig Änderung gebracht. Eine solche sei auch nicht zu erwarten, da sich nun einmal »stabilisierte Stereotypen« nur sehr langsam lösten.

Gerade die Jugend, die sonst oft eigenbrötlerischen Jungen, die ihrerseits erst die Gartenhäuser fliehen, um endlich dem Kuratell der Eltern und der Alten zu entgehen, selbst sie kehren aus purer Gewohnheit zurück, stellt man heute fest. Ja, der Mythos Natur lockt, auch wenn man ihn an Waldrand oder Teichufer mit Tausenden anderen teilt. Bei den Jungen ist es wohl am verständlichsten. Denn bei allen Merkwürdigkeiten und sonderbaren Riten: Eine Sommerkindheit am Weiher, wo sich Abenteuer noch selbst erleben und unternehmen lassen, löscht auch keine noch so kritische Soziologenweisheit aus.

Viele Prager wiederum gehen schon jahrelang ganz hinaus in ihre Kleinstpaläste zwischen Tomatenstauden, Ribiselsträuchern, dem Gurkenglashaus und dem Kartoffelbeet: Die Stadtwohnung wird nächteweise an das millionenfach hereindrängende Auslandspublikum vermietet – und irgendwann wird das Sümmchen reichen, daß man sich ein richtiges Häuschen in der Vorstadt baut. Aber auch das wird im Sommer leer stehen – der wahre Mensch döst dann in seiner *Chata* oder *Chalupa* darüber nach, ob ein Montagsauto nun Glück oder ein Unglück ist.

Gottlose Weihnacht

»Es war wie ein großer Advent, der nie enden wollte«, sagt Frau S., »wir haben immer auf etwas gewartet. Aber es kam nichts. Die Freiheit nicht und der Kommunismus auch nicht. So haben wir irgendwann begonnen, unseren Wartezustand für das Ziel zu halten. Wir haben uns darin eingerichtet, aber unsere Erwartungen sind nie ganz versiegt, vierzig Jahre lang. Plötzlich, 1989, war der Advent vorbei, seit Jahren haben wir permanent Weihnachten, und manche meinen, Advent ohne Weihnachten wäre besser, nachdem, was sich hier inzwischen abspielt. Das war schon so, als wir noch Kinder waren: Das Fest selbst war wunderschön, aber sich Wochen darauf zu freuen, das war das Größte.« Frau S. ist vielfache Großmutter und fällt nicht nur wegen der verführerischen Qualität ihrer Weihnachtsspezereien auf, sondern auch dadurch, daß sie ihre Gefühle über vierzig staatssozialistische tschechische Jahre in dieses Beispiel aus dem Kirchenkalender kleidet.

Was also ist Advent, was Weihnacht in Prag?

Vordergründig ist es zunächst ein blutiges Gemetzel. Das beginnt schon Wochen vorher, wenn die großen Bottiche auf Prags Trottoires aufgestellt werden. Wenn die Kerle mit den großen schweren Schürzen, den stumpfen Holzhämmern und den säbelartigen, gefährlich scharfen Messern Posten beziehen. In den Bottichen schwimmen die Karpfen, die man aus den unzähligen Teichen Böhmens gefischt hat, um den Pragern eine rechte Weihnacht zu bereiten, denn ohne Karpfen gibt es keine Prager Weihnacht. Es braucht gute Nerven, um dem beizuwohnen, wie das zappelnde Getier vor des Käufers Augen mit dumpfem Schlag zu Tode befördert, aufgeschlitzt und ausgeweidet wird, bis in breiten Strömen das Blut über Prags Straßen fließt. Prager Eltern wissen, warum sie oftmals ihren Kinder gleich das grausame Ende des Weihnachtskarpfen zeigen, um so allfälligen Sentimentalitäten vorzubeugen: Denn wird so ein Tier der Frische wegen oder aus anderen Gründen lebend heimgetragen, kann man schon vorab am Glanz der Kinderaugen ablesen, daß sich häuslich das blutige Henkerswerk nicht werde vollziehen lassen und der nasse Gast in der Badewanne sicherlich das Neujahr noch erreichen wird, um nicht gar doch wieder in eines der moorigen Gewässer auf dem Lande zu entschlüpfen, geleitet von der Kinder Weigerung, den kalten Weihnachtsfreund schnöder Tischgenüsse wegen hinrichten zu lassen.

Vielleicht gibt es nur zwei überwiegend gottlose, zumindest aber durch und durch heidnische Orte in Europa. Der eine ist Rom, denn die haben ja den Papst, der das Spirituelle Kraft seines Amtes für alle anderen mitbesorgt. Und da ist Böhmen, das Kernland der schon prälutherischen volksnahen Reformation des Johannes Huss und der grausamsten Gegenreformation, die gnadenloser nirgendwo im geistigen und seelischen Inventar eines Volkes gehaust hat, als in dem der Tschechen: Katholizismus als Funktion kolonialer oder imperialistischer Außen- und Feindmächte, Glaube als Übung der Fremdherrscher. Fußend in Johannes Huss (Jan Hus) hat sich die tschechische Gesellschaft auch dadurch, daß sie später (eben in der Gegenreformation) ihrer hierarchischen und intellektuellen Spitzen gewaltsam beraubt wurde, in einer egalitären, im besten Sinne proletarisch anmutenden horizontalen Denkweise etabliert, mit der sich die straffen Hierarchien hergebrachter Kirchenfrömmigkeit nie mehr wirklich vertrugen. (Das Proletenhafte dabei ist erst ein Zugabe des Stalinismus.) So verschwand auch der Allerhöchste, jener angeblich über Zeit und Raum herrschende, aus den Seelen, schlichtweg vergessen in einer überaus pragmatischen Diesseitigkeit. (Gerechterweise reden wir hier, wenn wir Tschechen meinen, von den Böhmen, namentlich den Pragern, weil die Mährer viel katholischer, traditionsbewußter und – vielleicht – auch ein wenig gläubiger sind.)

Eigentlich ein Prager Wunder, daß der Präsident Václav Havel eine der großen Traditionen europäischer Geistesgeschichte, die Evolution der Bürgerrechte, im Grunde genommen also die Aufklärung, ausgerechnet im gemeisamen spirituellen Erbe des Abendlandes begründet sieht, das den Kontinent verbinde wie Mehl eine gute Sauce, ohne die alles in Beliebigkeit geränne. Welches Befremden, mit dem sich seine Landsleute zum Beispiel daran rieben und reiben, daß Havel, kaum Präsident, seine neuen Würden, aber auch die neue Freiheit der Republik und die erhoffte neue Weite des geistigen Raumes ausgerechnet mit dem Großen Te Deum im gotischen Veitsdom auf der Prager Burg feiern ließ, mit dem man nun alles andere als einen offenen Horizont verbindet, einmal von der Kunst seiner Baumeister abgesehen.

Havel ist bestimmt kein Kerzlschlucker, wie man in (Robert Musils) Kakanien die überfrommen Kirchenschlurfer taufte. Und so ist selbst diese Geste, die er bei jeder neuen Amtseinführung getreulich wiederholen läßt und von seinem großen Idol und Vorgänger Tomaš G. Masaryk abgeschaut hat, eine ritualisierte Inszenierung des tschechischen Pragmatismus, keineswegs ein Ausdruck besonderer Gläubigkeit und schon gar nicht ein Kotau vor der Kirche: Es ist die Vorliebe für Feierlichkeit und Zeremonien, indem der Präsident und die Republik es der Katholischen Kirche gestatten, ihre, der Republik Würde mit Weihrauch und Psalmen zu illuminieren. Es ist zugleich auch ein strenger Verweis, daß mehr nicht erlaubt sein wird, daß es der Kirche nie gestattet sein werde, mehr als Girlande zu sein oder gar Macht zu gewinnen über die Gesellschaft, wie es kurzzeitig im Nachbarland Polen so bedrohlich zu geschehen schien. Die Kirche darf allenfalls dienen mit all ihrer Pracht, was nach Auffassung mancher Theologen sowieso ihre einzige legitime Aufgabe wäre, so auch mit Prunksitzungen zu Ehren weltlicher Potentaten, womit Havel ein wenig in die Tradition der in Böhmen nationalgeschichtlich so verhaßten altösterreichischen Oberherrlichkeiten eintritt. Fest steht allerdings eines: Solch Aufführung, solch üppige

Herrlichkeit, bringen nicht einmal die besten Opernhäuser auf die Bühne, denn wer hat schon die Gelegenheit, zweitausend Jahre eine Inszenierung zu proben. Nur die Kirche.

Frau S., die uns mit ihrem Vergleich des Realen Sozialismus als Zeit der Erwartung zu diesem Diskurs verleitet hat, geht zu Weihnachten natürlich nicht in die Kirche. Prags Kirchen sind zu diesem Feste voll mit dem gerührten Personal der Ausländerkolonien und mit Touristen, die schimmernden Auges körperlich in die Märchenkulisse der Goldenen Stadt einzutauchen suchen, das in diesen dunklen Jahreszeiten wie ein wirklichkeitgewordener Adventskalender anmutet. Die Einheimischen werden noch bei jedem Karpfen, der am Heiligen Abend von keinem Familientisch wegzudenken ist, auch auf ihrem Verdruß herumkauen, daß just ein Prager Gericht der Kirche doch tatsächlich zwischenzeitlich den konkreten, physischen Besitz an der Sankt-Veits-Kathedrale und anderen Heiligtümern der tschechischen Nation zugesprochen hat. Nicht ganz zu Unrecht vermuten Tschechen – die triumphierende Kirche in anderen Teilen Mittel-Ost-Europas vor Augen – in solchen Aneignungen die Vorfeldgefechte viel weiterreichender gesellschaftlich-politischer Ansprüche. Der Kirchenstreit um St. Veit wird auf immer offen bleiben, mal zu Gunsten der Kleriker, mal zu Gunsten der vom Präsidenten repräsentierten Nation intoniert. Keine der klassischen Kirchentonarten jedenfalls kommt hier zu Gehör, solange man sich juristisch darüber auseinandersetzen wird, ob dieses großartige Objekt der mittelalterlichen Gotik und der nationalgetränkten Romantik nun doch mehr religiöses Symbol oder nationaler Besitz sei.

Ob Frau S. wirklich weiß, was der Advent für Christenseelen bedeutet? Immerhin kennt sie den Begriff. Ihre Landsleute fragen gewöhnlich verwundert, was das wohl sei, dieser grüne Reif mit Kerzen und bunten Bändern, den manche Leute, neuerdings auch Gastwirte, im Dezember unter die Decke hängen. Der Adventskranz ist vielfach unbekannt wie die Zeit, die er symbolisiert, hat allein Renaissance gefeiert als folkloristischer Firlefanz in einer dem Volksbrauch entfremdeten Welt, die sich eben deshalb mehr und mehr in die Girlanden dieses verfallenen Volksbrauchs vernarrt. Natürlich, welches deutsche Kind vermag noch ein Adventslied zu singen, da mit dem terroristischen Abspielen der schäbigsten Weihnachtslieder seit Mitte November jede Erwartungsmöglichkeit mit billigen Erfüllungsillusionen plattgewalzt wird, aber eine Ahnung herrscht noch irgendwo, und man kann sogar von Großeltern oder anderen Lebendfossilien Näheres erfragen.

Fortschritt oder Verlust, wenn auch einigermaßen erwachsene Menschen in Prags Kirchen oder Museen vor sakralen Kunstwerken stehen mit dem Verständnis mittlerer Kunstgeschichtskenntnisse oder dem des platten Äußeren? Tatsächlich bewegen sich Tschechen in alten Kunstwelten höchst unsicher, war doch Kunst vor der Aufklärung immer religiös motiviert, bestückt mit Zeichen und Symbolen, von denen kaum eines mehr erkannt oder gedeutet wird. Selbst die osmotischen Deutungen der religiösen Zeichen in der Kunst, die dem Westeuropäer bei all seinem Neuheidentum als Erbe von Restgläubigkeit oder wenigstens bigotter Ideologie vererbt wurden, sind verschwunden, versickert. Ein Prager steht vor den unzähligen Symbolen und Zeichen der Spiritualität in seiner Stadt in tragischer Ahnungslosigkeit.

Heute geben sie sich den Zeichen und Symbolen der neuen Zeit hin, das Schimmern des Sterns wird von anderem überstrahlt, vom Schimmern der Wasserzeichen der Notenbankpapiere. Aber die Prager bereiten sich mit Ernst und Bedacht und ohne Hast auf dieses Konsumfest vor, bedenken hin und her, ersparen sich und ihren Mitmenschen geschwätzige Selbstberuhigungspillen, indem sie nichts von der »stillen Zeit« faseln oder von des Gottessohns Ankunft auf Erden. Der einzige Anspruch ist allein, es sich selbst und anderen in der Familie so gemütlich wie möglich zu machen, sich zu beschenken, an einander zu denken, wahrhaft ein Festesvorsatz, weil diese Übung mit den neuen Zeiten ziemlich aus der Mode kommt.

Im Tschechischen nennt man das, was bei uns die Krippe ist, einfach Betlem. Meist wenig aufwendige Installationen mit auffällig prononcierten Kindgestalten. Nicht umsonst ist das »Prager Jesulein«, ein aus dem hispanischen Raum stammendes Figürchen, die beliebteste Sakralgestalt im Volke (einmal von Sankt Wenzel und Jan Hus abgesehen, deren Bedeutung eher nationalpolitisch denn religiös ist). Wenn Tschechen irgendetwas wirklich lieben, dann ihre Kinder. Schon im täglichen Leben fällt dem Fremden allüberall die Zugewandtheit von Eltern und Erwachsenen den Kindern gegenüber auf, im buchstäblichen Sinne: Man wendet sich ihnen zu, mit Gesicht, Körper und Seele. Man besteht mit ihnen Abenteuer, oder denkt sich solche gemeinsam aus. Man treibt keinen Kult um sie, weder den konsumgeilen Mummenschanz westlicher Supereltern, noch erzieht man sie zu quenglerischen Emanzipationssirenen ohne Chancen auf Zufriedenheit und innere Ruhe. Man watscht sie sogar, und das nicht selten. Doch so bereiten die Prager Weihnachten allein ihren Kindern und nicht einem mit schlechtem Gewissen zitierten Jesulein. Keine verlogenen Predigten über die Schlechtigkeit in der Welt, die den verblüfften Nachwuchs zwangsläufig zu Widerstand reizt und das Fest der Kinder zumeist mit Ohrfeigen für dieselben enden läßt. Die Welt ist schlecht. Wenn die Prager an irgendetwas wirklich glauben, dann an diesen Grundsatz. Mit Gott haben sie die moralischen Posen abgeschafft. So feiern sie ein Fest, an dem man sich und besonders den Kindern noch etwas mehr und besseres gönnt als sonst und das größte Geschenk, das sich heute machen läßt: Zeit, viel Zeit. So kommt es, daß in Böhmen, diesem Königreich des Uneigentlichen, wo nichts sonst gilt, wie es aussieht oder gesagt ist, ausgerechnet Weihnachten als Superfestival des moralischen Großbetrugs ausfällt: Eine gottlose Weihnacht und deshalb vielleicht die wahrhaftigste des Kontinents.

Nachsatz

Manche der hier vorgelegten Hintergedanken sind in den letzten fünf Jahren in meist stark verkürzter Fassung in der *Süddeutschen Zeitung* erschienen. Nicht einmal der turbulente Fortschritt dieser Tage mochte ihrer Aussagekraft viel anhaben, zumal Betrachtungen jenseits atemloser Alltagsaktualitäten Anlaß waren, sie zu verfassen.